“创意写作书系”顾问委员会

序

从事个人写作、指导写作以及写博客这么多年来，我还从来没有见过任何一个人敢公开宣称自己对故事创作无所不知。通常在加入故事创作的阵营时，我总是第一个说，对故事创作，我同样不是无所不知的。

承认这一点，并不是出于谦虚——很少有人会说我谦虚——而是来源于我从多次失误之中汲取的那一点点智慧，使得偶尔被人误解的自负得到明显控制（自负实际上是激情；在写作这一行，我非常谦卑，不会允许自己的自负超出常规）。事实上，你对写作了解得越多，你就越会意识到，商业层面的写作有多么复杂、多么深奥，而我们必须在写作故事过程中做出的很多选择其实是不准确的，当然，这只是一个程度问题。故事就如同人一样：尽管大家都由同样的材质组成，拥有同样的骨架零件，但是没有两个人是完全相同的；同样，也没有两个作家的写作手法是一模一样的。在这种情况下，内部图景创造了独一无二的、引人入胜的特质。因此，在咨询过程中，每一位作家的偏好和特性都要单独地加以看待、评估和欣赏。

不管差异如何，我相信，仍然有一些基本的、普遍的故事创作原则和力学，可以被应用到故事创作中，而且几乎无一例外。

处处皆有力学。

力学影响着一切，这既有字面含义，也有隐喻含义。宛如一条流动的河流，抑或是居于原子内部的动力，它们都能为我们所用。但更常见的情况是，它们可能会被轻视，甚至被完全无视，最终的结果往往不会很好。但不管怎样，任何人如果要对故事的成功要素进行严肃的分析，都不可能将力学排除在外。

例如，重力——我指的就是“重力”这个词的字面意思——支配着一切，无论何时何地。不论你身在何处、信仰如何……升上去的物体必然下落。如果你头顶上恰好有一个正在下落的物体，你最好有一双棒球手套或头盔，否则它必然会落到你的头上。其他的作用力同样无法改变，无论是物理的力量，还是人际关系的力量，都是如此。但是，正如重力一样，它们都可以为我们所用：爱的力量，纪律和控制带来的结果，关注和冷漠的影响，为人父母的技巧，慈善的魅力，以及对恐惧、懦弱与勇敢起着决定性作用的本质等。这些都是人类力学中的力量，决定了成功的人际关系与社会交往的原则与结果。它们与支配我们存在的物理力量一样稳定可靠，即使可能没有那么精确。任何心理、社会或政治视角——这基本上是我们写作的全部语境——要想开拓新的领域，取得哪怕是微乎其微的效率，都必须接受这种动力学，必须尊重这种语境。

我喜欢将文学力量称为“力学”，与重力的语境一样，文学力量不能被轻视或忽视。如果你忽视它们，无论是有意的还是无意的，你都要承担相应的后果。而且后果非常可怕，最终的结果通常是你的故事不会取得成功。但是，正如其他自然力量一样，文学力量也可以被驾驭和运用，从而达到我们所期望的结果。文学力量是故事创作的引擎与机翼，飞机的下滑模式在我们这一行不大行得通，如果引擎和机翼控制不当，那么可以预料，故事迟早会在它达到着落点之前从空中坠下。

如果故事没有目的地，将是最严重的错误。

有些作家完全是凭空创作故事，没有任何依据——没有原则，没有期待，他们一坐到桌子前就马上动笔（我见过有些写作指导老师提倡这种写法，但是，他们需要补充一句：一旦你随意挥毫泼墨，你将需要做大量的清洁工作）。这些作家常常会感到困惑，为什么他们的故事没有成功？或者为什么创作一个成功的故事需要花费这么长的时间？

这就是本书致力要解决的问题。

我要转变的正是这种“写作没有规则可循”的思维定式，并将这种思维提升到更高的理解层次。我努力改变这种墨守成规的现象，实际上这有点儿复杂。理解问题的关键在于区别“规则”与“原则”的差异。不论贴上什么样的标签，它们指的都是普遍适用的、潜在的故事力量，或者可称之为“故事力学”，不论你是否喜欢，也不论你是否意识到，故事力学都以这种或那种方式影响着你的故事创作。你可以驾驭这些力量，写出好的故事来，而不是让故事听天由命、自生自灭，或者听凭一直以来让你失败的无效的信仰体系。

有经验的作家可以敏锐地意识到与他们合作的这种力量的重要性。有些新手作家却未能意识到这种纯粹的故事力学，以及这种力学如何影响到故事作品。他们没有意识到，从故事想法孕育的那一刻开始，故事力学就已经在起作用了。他们肯定在不同的场合听说过故事力学——全都是在一些创作大会上，听一些无名之辈发出的噪音——但是，当他们返回自己的创作空间，独居一室时，他们往往会劲头十足地投入到他们的故事创作中去，并且相信这些力量会自然而然地、有机地组合起来。

当然，这些力量有可能会自然而然地组合在一起，但是，这种可能性微乎其微。有统计数据证明这一点：观察一下离你最近的一家书店的存货（如果你还能找得到的话），数一数你能认出来的书，将这个数字乘以 1 000，几乎就是过去几年未能出版的书的总数，这些作品甚至都没机会上架。

道理很简单：如果最基本的故事想法和故事立意都平淡无奇、没有创意、没有关联性，那么，无论你的叙事水平再高，成功的希望依然渺茫。在写作这个行当里，你不可能将一坨鸡粪变成鸡肉沙拉。事实上，我们最初的想法、写作的依据，往往平常而单调，近乎于一坨鸡粪。但是，如果你愿意有所舍弃、有所选择，你便可以把一坨鸡粪变成鸡肉沙拉。

故事力学就是将鸡粪变成“美味”的途径。

一旦你意识到盲目写作的风险（不要与自然写作混为一谈，自然写作是一种有效的写作过程，只要你接受其中的杂乱无章），一旦你认识到依据某些东西来写作的好处，你的整个写作经历将能够提升到一个更高、更快的层次。

我的第一本写作指导书——《故事工程：掌握成功写作的六大核心技能》概括介绍了一个强大的写作工具箱，为故事创作提供了一个新的、基于标准的语境。本书则专注于使得这些工具发挥其杠杆作用的潜在力量。第 22 章中将回顾核心技能，将核心技能与故事力学联系在一起；第 23 章和第 24 章中将对最近的两本标志性的畅销书进行全面深入的分析，如果你还没有读过这两本畅销书，我强烈推荐你先找它们的电影版看看，再来阅读这些章节，里面包含了严肃认真的分析，对作品进行了一些新的解读。

本书旨在与读者进行探讨、研究，因此，文中的语调有些类似于写作大会上的现场发言材料，这是我有意而为之的，基于成人学习力学的指导模式，我在文中絮絮叨叨的原因也是这个，当然对这一话题的热情更加强化了这一点。我想先提醒一下读者，我就像一位喝了太多咖啡后去参加研讨会的老师，也许这些内容你都已经听说过了，但是我相信，你从来没有以这种方式听说过或探讨过。

有时，真理与领悟不能在初次相遇时就引起共鸣。写作讨论本身充满着各种修辞技巧，也有巨大的纯金冰山隐藏其中。在本书中，我将为你提供很多视角、语境以及充足的机会，让顿悟的那一刻如期降临。故事力学的内在力量总在那里，等待着人们去发现和运用，有时候，它们就藏在显而易见的地方。当你真的发现了它，并且接受了它，你就可能已经找到了属于自己的最好的故事。

此刻，让我们开始故事探索之旅吧！

愿故事力学的力量成为你的缪斯女神！

拉里·布鲁克斯

www.storyfix.com

目录

第一部分

愿故事的力量与你同在

第二部分

故事力学最优化

第三部分
过程的力量

第四部分
现实写作世界中的故事力学

第一部分　愿故事的力量与你同在

1 寻找故事

拥抱其中的艰辛与混乱。

每一位作家，在希望自己的故事取得成功之前，首先要做的就是找到故事。

如果一个故事还没有找到最高、最佳的自我，作家就匆匆将其定为“终稿”，那么，某些东西就可能没有被充分利用，这或许就决定了一个故事的成败。

有时，故事从一开始就迷失了方向，没有丝毫的成功机会。如果作家无法将一个很简单的想法变成其他的东西，那他就不可能将其转变为一个强有力的故事。如果作家如同理解阴谋论一样来理解故事，本身无法把故事对自己的吸引力恰到好处地翻译和诠释出来，那其他人自然也无法清晰而热情地接受这个故事。

故事这种寻找与发现的使命有很多种形式，从头脑风暴、试飞到构思策划、列出提纲，再到正式起草（实际上是边写边找）。“寻找”是故事开发过程中的一个关键部分——本质上，它就是故事的开发过程，但是表达为“寻找”。有些人认为它是想当然的，而有些人则完全忽略它。我们在故事创作中做出的选择不全是最佳的选择，随着你对这些创造性决策的执行落地，它们将决定你的故事未来的道路有多宽广，会产生多米诺骨牌效应。选好了，则一路通畅；选不好，或者方向转错，或者对某个故事节拍没有做出最佳的选择，你将深受其害，错误的转向会将你引向危险的悬崖边缘。

这也是一些手稿被拒绝出版的原因。

无论你将如何着手，在你成功地找到故事之前，你必须要了解故事中的利害关系是什么，无论是出于你的直觉还是源于你的学习。对于草稿中的故事点就是如此，这也是你的整个叙事策略发展的关键一步。

尤其是叙事策略。

任何事情都利害攸关。不论你选择什么样的创作过程，所有写作过程都致力于同样的东西，而最终的结果则完全取决于作者对故事力学的运用。

寻找故事就是在你给出的叙述序列的语境中，对普遍适用的故事力学的本质进行探索和运用，而故事力学指的是能给读者带来感知与反应的力量。通过了解哪些要素需要在叙事中发挥作用、在何处发挥作用，你可以将这些力量最优化，从而最大化地展现故事的内在价值和影响，正如厨师选择合适的食材、外科医生选择合适的手术刀一样。要成功开启故事探索之旅，你不能仅仅满足于故事要素与故事时刻；通过提升潜在的故事力学，故事要素和故事时刻可以变得更加有效、更有力量。

正如某些体育运动，你跑得越快，击打的力度越大、位置越精确，换句话说，运动力学越好，你就玩得越好。这并没有否认或者低估某些运动技巧和当下的直觉判断，但是也不能否认，说最佳力学没有将直觉感知提升到一个新的层次。如果是你我准确地击中高尔夫球，我们可能是 9 号铁杆打短 4 杆洞；如果是一名专业选手准确击中，结果很可能是小鸟球[①]。原因就是力学：最优杠杆作用和准确度被应用到高尔夫球杆的杆头速度。对于无心的观察者而言，两种挥杆或许看起来都一样，但事实却全然不是，因其内在的力学原理完全不同。

在体育运动和故事写作中，让专业人士从众多优秀人士中脱颖而出的正是力学。

成功的作者所要做的，恰恰就是将故事力学最优化。这并不是一门精确的科学，但可以说，其好处是可以将故事力学的力量不断提升到更高的层次，尤其是对戏剧张力和人物共鸣（读者对故事主人公的支持程度）会产生强大的推动力。伟大的作家会紧紧抓住这些要素。即使他们声称自己也不知道是如何做到的，即使他们说自己就是坐下来动笔写，一稿接着一稿，但事实上，他们利用的仍然是故事力学。对很多作家而言，打草稿就是他们的写作过程，他们寻找故事的模式因为他们的直觉和对故事的感觉而变得更加强有力，有时这种直觉和感觉被人们称为“天赋”。

理解了寻找故事的深度与本质，并不意味着你的故事就可以顺利登上畅销书排行榜；但是巧妙地运用故事力学，或者说故事技巧，也许可以帮你做到。

好消息是，我们不需要猜谜，这也不是盲点，甚至不需要依赖天赋。知道寻找什么、在哪里落地，了解了故事力学的特定本质，了解用于审查创意选择的标准，就是迈向其他人所谓的“天赋”的一大步，包括评论家在内。

天赋和运气很像。有了技巧，并且不断坚持，那就排好队等着它的到来吧。因为，技巧往往会把你带到需要的地方，这个地方就是故事力学。

---

① 小鸟球（birdie），高尔夫球术语，指的是比标准杆少用一杆完成此洞。——译者注。本书脚注均为译者注，不再一一说明。

想法并不能被称为故事

太多的作家试图将他们的想法写出来，犹如一个人试图把葡萄汁挤进杯子里酿酒。我们知道，用这种方法酿酒，即使你选用的是奥地利的礼铎（Riedel）水晶杯，也无法酿出真正的葡萄酒来。某些作家以一个故事的种子开始，并在极短的时间内把故事种子变成草稿的基础。令人遗憾的是，这些作家仅仅满足于这个故事，并没有去考虑是否还有更好的选择，他们没有从最初的想法中发现一个更加引人入胜的立意，也没有一个上下文的标准来帮助他们判断自己的决策恰当与否。这些作家没能将他们的想法提升为更好的立意，从而去推开一扇精彩的故事大门。一个绝妙的立意就是一个更强大的想法，一个面部的毛发与肌肉都健全的完整的身体；一个绝妙的立意就是将想法提升为一个引人入胜的戏剧故事的平台。要做到这一点，有很多种方法。

假定将一段爱情故事设定在昏暗的未来社会中，如何？这想法当然不错。继续将这一想法设定在一场死亡竞赛的舞台上，为了报复几十年前的政治暴动，如何？这样自然更好。（如果这个故事听起来很熟悉，你将会喜欢本书第 24 章）。

仅仅孵化出一个故事的想法，还不是有效的故事探索的关键。如果你从一个未经充分发育的想法开始动笔，你不一定会落在创意选项上，即那些能提供最佳故事力学的故事点、转折点、跌宕起伏的情节、语境和潜台词。如果你真的是从这个层面开始，而没有围绕一个由强大的立意扩展而成的整体，那就如同一大块歌帝梵巧克力[①]落在松软的酸奶蛋卷上。

---

① 歌帝梵（Godiva），比利时皇室御用的巧克力品牌，被称为“最贵气的巧克力”、“巧克力中的劳斯莱斯”。

当你从一开始就将自己的想法提升为一个更强大、更加引人入胜的立意，并且利用故事力学的力量作为创意选择的标准时，实际上，你已经开始在构建故事的叙述力量与细微差别了，甚至可以说，这在你动笔打草稿之前就已经开始了。如果你直接打草稿写作，那就是当你写作时，用这种强大的立意作为语境。

创作之旅漫长而复杂，并且在不断演变，想法仅仅是旅程的第一步。如果这一步不是很出色，且没有最优化，那么，整个故事创作将陷入麻烦，至少在一定程度上故事被削弱了，如谚语所说，猪耳朵做不出丝钱袋[①]，尽管猪耳朵很漂亮，但是难以做成精品。正如一个人计划成为一名外科医生，但却决定从社区学院毕业后，直接进入就业市场——成为外科医生的想法固然很伟大、很崇高，但是跳过医学学位，直接跑去加纳实践的策略是有问题的，而且后果很可能是致命的。

简单的类比，其中的道理显而易见。但是，看一看善意的作家经常会怎么做，你自然会感到震惊。这些作家从平庸甚至更糟糕的想法开始，加上“这真的很重要”的语调和阴谋策划，再加上坚实的技术……然后他们会疑惑，为什么这个故事被退回来了，随之附上的则是一封正式的退稿信。

跌落悬崖，只有一步之遥；而有时，这一步则是漫漫旅程的第一步。

最终，故事不仅仅是一个简单的想法

故事由四个重要部分组成：立意、人物、主题和故事结构（叙述顺序），每一个部分都有其单独的、重要的叙述语境与叙述任务。如

---

① 猪耳朵做不出丝钱袋（you cannot make a silk purse out of a sow's ear），英谚语，指粗料难制成精品。

果随意打乱语境的顺序，将会产生严重的后果。这些特定的语境不仅仅来自于想法本身，它们是否有力完全取决于作者运用的故事力学是否有效，最终也要通过作者运用的故事力学的有效性来对其进行判断。

故事通过叙述场景展开，场景则由段落和句子组成（即写作风格）。场景是故事力学在纸面上的具体呈现，无论是直接呈现还是以聪明的掩饰方法去呈现，都是从意图提升到执行的过程。如果一幕场景奏效的话，归因于应用的故事力学较为恰当；而如果一幕场景拖沓繁冗，无助于故事展开，那么故事力学的效果则大打折扣。

从起点出发，从想法产生这个阶段开始，我们便以一种比较有意义的方式与故事力学见面了。

事实上，故事力学不仅驱动故事中的场景展开，在故事创作的初期，它还在最高的层面上，锻造着整个故事的格局，驱动着整个故事的内在潜力。对有些人来说，这犹如在玩泡泡龙的游戏——不是所有的想法和念头都足够成熟、足以支撑起一个稳健的故事，同样，也不是所有伟大的故事都来源于一个最初便引人入胜的想法。好的故事总是在两种极端间跳舞，立意负责奏响音乐，而故事力学则决定了音乐的音量与音高。

挖掘冲突的内在潜力

有些“想法”更适合产生冲突，有些则不然。如果你的故事没有冲突，那么，这就不是一个真正的故事。比如，一个关于自己暑假的故事，这个想法没有内在的戏剧性，本身不存在冲突，因此，它并不是一个立意。你必须要丰富它，使之成为一个真正的立意。这正是你应该做的，也是让故事取得成功所必须做的。比如，可以在一个关于暑假的故事里，让你的主人公被一群疯狂的意大利游客绑架，他们向她的雇主美国中央情报局（CIA）索取赎金……现在，这就是一个立意，充满了潜在的戏剧性、张力和利害关系，预示着一段可怕的替代性体验。再让这些游客中的某人与你的主人公坠入爱河，也许是克格勃的特工，这样你又有了一个次要情节。或者，将你的主人公设定为一个超级右派的参议员女儿，是个同性恋，为了让她脱离钢管舞者的生活，参议员为她找了一份工作，突然之间，你的主题就产生了。

这是一个美丽的、充满诱惑的陷阱，很多关于“寻找自我”、“寻找意义”的想法常常是从这种缺乏戏剧性、自然的片段式的源头开始写起的，而没有注意到潜在的、不断展开的戏剧张力，能使一个想法提升为一个立意。人物驱动的素材固然很好，但是驱动人物的应该是充满冲突、戏剧性和利害关系的东西，而这来自于情节，情节则完全由故事力学所驱动。

这就是我们在寻找的细微差别

通过寻找故事来创作伟大的故事，即寻找故事力学，就是要避免追寻那些有些薄弱的想法，努力去发现丰富的立意、丰满的人物、主题和旅程，将其从最初的想法中衍生、升华，并最终稳稳地占据核心位置。每一个这样的结果，都是作者做出的选择，将选择变为故事创意选项，可以被探索、审查、检验，从而使之最优化。

坦白地说，我亲身经历过这个过程。

我的第三本小说《巨蛇之舞》（*Serpent's Dance*）以一个棒球故事开始，讲述的是主人公曾经有一个机会，却没有抓住，等他回到现实生活中后，发现自我，悟出了失败的根源，重新回到了球场上。这个故事比我的朋友迈克·里奇创作的电影《心灵投手》（*Rookie*）要早很多，迈克因这部电影备受赞誉。我将这个想法告诉了企鹅出版社的编辑，但编辑对它并不感冒，他说：“棒球故事可不行。”（后来的事实证明，他这个想法是错误的）。我们没有放弃这个想法，而是努力去完善它、丰富它、改变它，不断去设想“如果……将会怎样?”这个问题。最后，这个故事里压根就没有了棒球，主人公变成了女人，故事中的麦高芬①是一个软件骗局，涉及一家病毒防护软件公司的核心机密，该公司声称其产品可以保护用户不受病毒攻击，但实际上，病毒就是他们制造和传播的。

我们不停地寻找，不断地审查、舍弃，最后发现一个思路，于是，一个新的、更好的故事随之诞生。如果我不经审查就动笔写这个棒球故事，结果会怎样？很难说。但是，有一件事可以确定，那就是我和我的编辑从最初的想法中创作出来的这部小说很成功，最终成为一个更加丰富、更具关联性的立意。有件事还要提一下，这部小说今年重印了。

我们只身一人站在悬崖边缘，唯有我们的想法为伴。当我们很喜欢自己的想法时，我们很难意识到，或许在别人眼里，它们并没有多大的吸引力。或许你会说，拜托，这是一个很棒的故事，但是别人却未必这么认为。因此，我们需要一个工具将想法努力提升为立意，并将其塑造成一个故事，我们需要一些标准来帮助我们寻找故事、做出正确的决策。

这些标准是存在的。

存在的形式正是故事力学。

---

① 麦高芬（McGuffin），是一个电影用语，指在电影中可以推展剧情的物件、人物或目标，例如一个众多角色争夺的东西，而关于这个物件、人物或目标的详细说明不一定重要，有些作品会有交代，有些作品则不会，只要是对电影中诸角色很重要，可以让剧情发展，即可算是麦高芬。

2 转向故事力学

> 此刻，魔鬼就站在你的肩上，扮成女海妖塞壬[①]的模样，他说话的语调和你知道的每一个作家都很像，他摇了摇头，黯然神伤。

改变很难，而生活就是要不断地练习改变。

这里有个悖论，很有迷惑性：一旦真正理解了故事力学，你就会发现它其实显而易见。可是，在类似专题写作大会、在线写作网站和评论家的写作访谈中，却并不包含故事力学。每一个成功的故事在某种意义上所被接受的诀窍和目标就是：你必须停止听从他人的方法论和意见；你需要自己决定什么是正确的，什么对你来说是有效的；你必须决定如何将其融入“你是谁”以及如何写作这些问题中。

你要知道，对你自己来说，最佳的道路也许并不是那条简简单单的路，不是那条因循守旧的老路，也不是你的写作同行们走过的那条路。

此处我想谈论的就是如何去选择的问题。

故事力学真实存在。我并非要告诉你，你应该相信什么、应该如何写作。那样做的话，我不过就是你肩膀上的另外一个声音。我要做

---

① 塞壬（Siren），又译作西壬，古希腊神话传说中，塞壬是人面鸟身的海妖，飞翔在大海上，拥有天籁般的歌喉，常用歌声迷惑过路的航海者而使航船触礁沉没，船员则成为塞壬的腹中餐。

的是，向你展示故事力学的力量之所在，这样你大可以自己做主，决定如何以最佳的方式发现它们、运用它们。故事力学是永恒的、普遍适用的，不受个人情感影响。在我看来，它们永远不会让你失望，但如果你没有注意到它们，它们也许会将你压垮，或者让你有种悬而未决的感受。在这一方面，故事力学犹如爱情：一旦你看到它，就不可能对它视而不见；一旦你了解了它，与结果相关的选择将会由你自己来决定，而不是靠充满善意但十分幼稚的掷骰子的方式去决定。

如果在写作和恋爱中，过去所遵从的信念以及实践经验对你无效的话，有两件事情可能是正确的：一是要想办法改变一下；二是要清醒地认识到原因不再是一个谜。

几年前，我曾看过一部小说。这部小说发表于 20 世纪 70 年代，小说里的主人公是变形虫，是的，我没有在跟你开玩笑，主人公是一种微生物。这部小说，不太像以兔子为题材的现代经典故事《沃特希普荒原》[①]。《沃特希普荒原》之所以能够取得成功，是因为兔子这个群体很容易与我们人类自身的社会性作比较，故事则由内在的戏剧张力与读者对兔子产生的共鸣所驱动。可是，在我看的这本描述变形虫的小说中，故事所设的背景却是微生物生活的世界，与人类社会截然不同。小说中的反面角色是一个邪恶的微生物，作为脊椎动物的人类，我们也许可以将其称为“胚芽”。很显然，小说的作者想要借助这本书大谈科学，可是从最后的结果来看，从戏剧性叙事角度来看，这部小说并没有成功。

为什么？

因为从最初的想法本身开始，这部小说的每一个故事力学要素都被削弱了。这个故事并没有任何引人入胜的戏剧性冲突。读者与小说

---

① 《沃特希普荒原》（*Watership Down*），又译《兔子共和国》，英国当代小说家理查德·亚当斯的成名作。

里的主人公没有共鸣，因为没有人会觉得自己和变形虫有什么联系，这个人物没有任何人类感情或人类特性（如果赋予变形虫以人类感情或人类特性，那么，这个故事就变成儿童幻想作品了，可是小说的作者并不想这样做，他希望我们认真严肃地对待这个故事）。节奏变得无关紧要，因为人们很难对接下来发生的事情感兴趣。没有替代性的旅途，没有利害关系，读者没有办法与小说中主人公的经历建立联系，更别说支持它，对它产生兴趣了。即使作者是在酷似研究生的生物化学课上，用莎士比亚般的文笔将它写出来，也依然无济于事。一切都已注定，这部小说永远不会取得成功。甚至可以说，这个故事就是一个恶作剧，是一个笑话，一个没有立意的想法，仅此而已。这样的小说在今天当然没有任何市场。

然而，事实上这部小说最终发表了，而且是由纽约一家知名的出版社出版的。这也再次证明了威廉·高德曼曾说过的一句关于故事创作的话，真是无比正确，他说："没有人无所不知。"这意味着，我们需要依靠一些不可改变的要素，比如故事力学。

作为一名写作指导老师，我在工作中看到过太多太多的故事。大多数故事与那本关于变形虫的小说并不相像，但是有些故事所依赖的核心立意，并没有给故事力学相关要素做贡献的机会。记住，我们在这里谈论的是商业故事创作，追求的是出版合同与市场上的读者，一旦我们确定了这一目标，就需要将视野放到更加宏大的画面中去，而不仅仅是我们自己的奇思幻想中。

当故事力学运用不恰当时，即使是独特的想法与立意，也注定失败

比如，关于中世纪的骑士为财产战斗的故事。这个故事本身就存在着戏剧张力的潜力，至少暗含着戏剧张力。但是，在作者加入故事

力学、把想法变成立意，也就是设定一个遇到问题的引人入胜的主人公（也许是他久远的曾祖父），为读者提供替代性体验（精确细致、丰富多彩的细节）之前，一切不过是一个历史游记而已。在过去几年里，这种情形我见过很多次：作者热衷于某个主题、竞技场、某个时代或某个地方（特别是在历史小说、科幻和奇幻小说中），他们的故事只是有关这些的，仅此而已。戏剧张力让位于背景。人物在这个很酷的背景中游荡，仅仅充当着我们的眼睛和耳朵，很显然，这削弱了故事力学。

一个有效的故事包含着一个遇到问题的主人公，继而他进行探索，有利害关系，有阻碍前行的敌对势力。故事以引人入胜的节奏展开，逐步揭示真相，结果是读者与故事里的主人公产生共鸣，获得了替代性体验。除了类似于 12 世纪的爱尔兰这个吸引人的背景要素之外，所有的要素都必须尽早发挥作用，而这一点正是这些作者未能做到的地方。

故事与一个有所作为的主人公相关

最高层面的故事不是关于某个时间、某个地点或者是某个主题想法的，也不是关于某种境况的，这些因素很重要，但它们却是外围的舞台要素。如果不能通过成功写作的六大核心技能进行专业操作，不能恰当地运用好故事力学，这些要素就无法发挥作用（详见本书第 22 章）。

你知道“猪耳朵做不出丝钱袋”这个谚语吗？

我认为，故事创作亦是如此。在寻找故事的过程中，人们会发现，自己手边上用于缝制钱包的究竟是真丝，还是从死猪头上割下来的猪耳朵。以故事力学作为寻找故事的标准，你会判断出，自己拥有的究竟是一个想法，还是一个故事，抑或说，你的想法能否变成一个故事。

没有人能回避这个事实

有些作家声称，他们无须理会这些烦人的基本原则和故事力学。甚至有时，一些人来到我的写作坊，说出这样的话：

> 不要多想，坐下来拿起笔就写，让故事自然地流淌，相信自己的直觉，随心所欲，想写就写，持之以恒，最终你将如愿以偿。故事创作没有规则可循。

这是语义混淆。把一个作家遵循的“规则”变成另一个作家写作的技巧。这是一种危险的建议，因为它假定，你已经知道要想让故事成功需要做哪些方面的工作，假定你已经拥有了敏锐的、进化了的故事直觉。这样做的结果是，写出来的故事往往不能取得成功，或者你根本就没法完成故事创作。我总是听到一些作家痛惜，这么多年来，自己一直相信凭直觉写作是更好的创作方法，他们就如同从宗教信仰中皈依的狂热分子一样。

在其他职业中显而易见的事情，在故事创作中却不太明显。例如，在现实生活中，你不会因为自己不在乎机翼，不会因为你想知道没有机翼的飞机会如何，不会因为自己想证明飞机工程学教授的错误，而去设计一架没有机翼的飞机。

力学一直就在那里。没有它们，你的故事就缺少机翼，自然无法起飞。

与此相反的观点都坚持天真烂漫的碰撞，加上一点点态度，再努力将喜欢的写作模式——随意挥毫——推到最重要的位置（实际上，当这种随意写作的模式奏效时，它已经包含了充足的故事力学，只是正以其他名义驾驭这些力量）。重力是一种“规则”，还是一种普遍适用的“原则”？这又涉及语义学。“水池区域禁止跑步”，这是一个规则，讽刺的是，就如同很多规则一样，这条规则也是基于力学的：水池区域十分湿滑，如果你滑倒，很可能会头破血流，而这恰恰是因为重力在产生作用的缘故。

在大多数的规则和指导原则的背后，甚至是一些讨厌的规则背后，是力学静静地游荡在字里行间，决定了我们做出的选择结果。作家可以根据自己的意愿自由地选择任何过程、任何形式，但有效的故事创作力学总在那里，等待着提升你的故事，或者将你的手稿置于担架上。

前不久，我乘飞机前往盐湖城参加一个写作大会，并在大会上做主题发言，还开了个写作坊。在机场负责接机的是一位年轻的作家，他对我的《故事工程》一书比较感兴趣。该书讲述的是如何通过过程和标准驱动的戏剧格局来运用故事力学（“格局”的确是一个非常工程学的词）。在交谈中，他告诉我，有一位作家比我年长，拥有多年的写作经验，也将参加这个大会，这位作家说我写的书没有什么价值，只不过将原本显而易见的道理复杂化，还说写作只需要了解三件事——开头、中间和结尾——其余的都是在故弄玄虚。听到这样的话，我能够猜测出，那位作家就是一天三顿饭外加一张床那种类型的写作者。

我问：那个人出版了多少部著作？答案是零。

我讲的这个小插曲很有意思。当然，我也碰到过此类作家，他们赞成这种简单的信仰体系，但遗憾的是，这种信仰体系存在局限性，他们中没有一个人出版过著作。即使声称自己是凭直觉写作的一些成功作家，他们最终也是偶然间发现了故事力学（或者向故事力学的方向提升），并使得故事力学发挥出相应的作用。如果他们经常这么做的话，或许，他们就会成为被读者熟知的作家。

是巧合吗？我觉得不是。

故事力学并不在乎你是否认识它们。它们就如同重力、阳光和气温，无论你在意或者不在意，它们就在那里，不增不减。如果是胡乱对付它们或者忽视它们，那产生的苦果或许只有自己才能品尝到。

寻找力学， 还是不寻找力学？

这不是你应该问自己的问题。因为故事力学——与故事力量同义——是普遍适用的讲故事的法宝。当你在创作故事时，无论过程如何，你总是在寻找你的故事。那么，关键不在于你如何去寻找，而在于你想寻找的究竟是什么。

当你看到一块金子时，你能识别出来吗？还是你会满足于一些漂亮的石头，一些能够很方便地镶嵌到马赛克中的石头？

当一部成功的故事作品凭空问世，我的意思是，创作故事的作家并没想到去借助故事力学要素，而是仅凭个人直觉写作，却写出了行之有效的东西（尽管这种事情确有发生，但这些书通常要花几年的时间去写作，而且要一遍遍地进行修改），即便如此，这也并没有否认上述理论的真实性。这个作家没有意识到或者说没有重视发生的事情——特别是发生的过程——就像一个矿工挖到了一些有价值的东西，但却不是他想要的东西。他选择好了地点就开始挖，不停地挖，直到他真的发现了一些有价值的东西。也许这些作家根本没有意识到他们在寻找故事。对他们而言，这就是写作，在自己的想法中淘金。即便如此，作家不承认的这些故事力学要素，依然会自觉地排列组合，点燃故事的核心。这种情况，通常是在修改了几稿之后，或是经过几年的技巧磨炼之后才出现的。

你可以验证这一点

坐下来，写一个没有引人入胜的戏剧张力的故事。换句话说，试着去写一个没有故事力学的故事，戏剧张力只是故事力学中的一个要素。

创作一个没有主人公的故事，或者所创造的主人公不是一个积极主动的英雄式人物；没有一个引人入胜的问题亟待解决，也没有一个迫在眉睫的旅程需要开启，主人公不能自然而然地引起读者的共鸣，因而也不容易获得读者的支持。这样做就忽视了一个好故事的两股核心力量。试着去写这么一个故事：故事中的主要人物无法引起读者的情感共鸣，在叙述方面也缺乏引人入胜的故事节奏、故事弧线、潜台词和主题深度，风格不鲜明、不吸引人。随心所欲。想写就写，弄出个 200 页的人物背景介绍，其间却没有任何事情发生。忽略你所听过的一切让故事行之有效的准则。

我要说的是，这就是你被拒稿的原因。我刚才说过的那些现象，有些听起来可能颇为熟悉。如果写出来的故事真是那样的话，并不是因为图书经纪人或出版社的编辑没有明白。恰恰相反，正是因为他们明白了——他们清楚地知道是什么使得故事成功，当它在那里的时候，他们一眼就能认出它；正如当它不在的时候，他们也会十分想念它。

这些都是故事力学，故事力学可以被找到并被运用到故事创作中。创作者可以找到故事力学的要素，发现它们，审查它们，并作出选择，无论是在写初稿之前，还是在写作过程之中。因为我们在故事创作中做出的选择，只是程度和精确度的问题，要知道，一个人的第一冲动并不总是最佳的选择。

我见过太多类似的故事手稿，它们总是试图刻画一个在世界中迷失的主人公，需要努力发现自我。可是，作者并没有把这一想法提升为一个拥有故事力学的立意，而是直接用这一想法写出了一个片段式的、流水账式的故事：大篇幅地描述主人公琐碎的日常生活，主人公如何与这个世界格格不入，然后突然有一天，峰回路转，主人公又开始重新融入这个世界。这些作者创作的故事没有任何戏剧张力，没有情节，主人公没有进行探索，没有问题需要解决，没有目标需要实现，没有面临外部反对势力的压力，没有能让读者与之产生共鸣的利害关系。

这些作者的初衷都很好，但它们并不是故事的立意，而仅仅是期望中的故事主题潜台词。也许你描述出的人物弧线源于主人公的内心，但在你加入其他故事力学要素之前，它根本就不是一个故事，至少还不足以达到发表的水准。

即使是霍尔顿·考尔菲德[①]也有事可做。

想想那个故事吧！一只活泼的变形虫，想要跑出去探索另外一个世界？那个作者写起故事来，如同作诗一般，但是最终没有成功。因为在读者那里，这样的故事根本就没有成功的可能。但有一点可以肯定的是，依然有两个人很喜欢它——图书经纪人和出版社的编辑。在我看来，可能因为他们俩和那位作者一样，也被这个独特的想法吸引了。这其中或许有其他原因，但我却不赞同如此写故事。在我看来，你最好创作一个构思好的故事，而不是去写一个无所依靠、孤零零的想法。

对故事写作而言，没有技巧、仅凭艺术是远远不够的；没有艺术，却拥有技巧，也许可以蒙混过关。如果你兼具艺术和技巧，你就更有希望在出版物上看到自己的名字。

将下面这句话贴到你的工作台上：

故事不仅仅是关于一些事情、时间、地点、情境、主题的，而是有关一些正在发生的事情。

请思考以下这个绝对可靠的悖论：如果故事中某些特定的基本原

---

① 霍尔顿·考尔菲德（Holden Caulfield），《麦田里的守望者》里的主人公。

则和力学相对偏弱，甚至缺失，那么，这个故事不可能取得成功；然而，如果这些因素确实在发挥作用，那么这个故事也仅仅是有可能走向成功。此刻你想玩哪个游戏？你自己选择！

如同为百老汇的演出试镜，参加试镜的每个人都能歌善舞，但最终能获得角色的人寥寥无几。同样，试镜这门特别的技艺也有力学蕴藏其中，唱歌跳舞是这门技艺的力学；但扎实的力学基础也只是通往专业的技艺水平的基础。可是，如果你没有展示出这些力学，你根本就没有理由去试镜。因为最终获得演出角色的那些人，不仅掌握力学，更是深谙此道的大师。

这就是我们的目标：理解并熟练掌握由力学驱动的故事创作技巧。选择一个好的立意，使得故事力学最优化，从而巧妙地设计出整个故事，这将给读者带来难以忘怀的阅读体验。

3　故事开发的三个阶段

很多人经历过的杂乱无章，将会变得井然有序。

现在，你觉得自己的写作水平能够超越约翰·格里森姆、詹姆斯·帕特森、诺拉·罗伯茨，抑或是那位著有《五十度灰》（*Fifty Shades of Gray*）[①] 的幸运姑娘吗？

你觉得位列畅销书排行榜上的那些作家，他们的价值被高估了吗？他们能上榜，仅仅是因为他们的运气好吗？你是否觉得，他们能做到的，你也能做到？甚至可以比他们做得更好？你是否怀疑过，除了他们讲述的故事本身，也许还有其他因素在起作用，比如品牌的影响或者出色的市场营销？

很多作家都相信这些。这是作家特有的小小自负，很有意思。但他们很少有人相信自己能够在开放的场地，拦住正在奔跑的雷吉·布什[②]；很少有人相信自己能够和乔诗·葛洛班[③]在同一舞台上一决高下；也很少有人相信用自己画出来的水彩画，配上陶瓷玻璃，便可以开个画廊。

---

① 《五十度灰》是环球影业出品的一部爱情片，改编自英国女作家E.L. 詹姆斯所写的同名小说。

② 雷吉·布什（Reggie Bush），美国职业橄榄球运动员。

③ 乔诗·葛洛班（Josh Groban），美国著名流行乐歌手、歌唱家。

然而，当我们阅读那些最新的畅销书时，尽管我们也许会被故事吸引和感动，但我们依然会对这个故事为何畅销感到一头雾水。这些畅销书中的故事，看起来如此顺畅、如此简单。这样的好事怎么会发生在一本看起来不是很有挑战性的书上，却没有发生在你的书上呢？

实际上，故事创作的确很容易。你可以运用故事力学的六个基本要素和六个工具来创作故事。但另一方面，故事创作真是一点儿也不简单。你可以仔细地查看：故事中有很多变量因素在发挥作用，每个变量的运用程度不同，可能出现的潜在结果便会有无数个。这是我们作为作家必须接受的理论。

创作出一个成功的故事看起来比较容易，特别是在那些知名作家的手里。但实际上，即使是名家，创作起来也并不容易，所以请不要被这种想法所迷惑：不要想当然地认为，一个故事读起来容易，写起来也容易。运气如同闪电，通常只会闪耀一次，在故事创作方面，能够不断取得成功，则源于学习的积累，以及有技巧地运用故事力学和故事技能的 12 个变量。因此，你“嫉妒”的那些作家，不是偶然碰到了好运气，在创作的背后，他们掌握了特定的讲故事的力量，使得故事叙述变得行之有效，这些力量是一系列事件和转折的产物，而这些事件和转折则是基本的故事创作模式的一部分。这些故事蕴含的力量不是果，而是因，是从想法本身的内在参数中获取的。创作故事的过程并不重要——知名作家通常会被问及有关创作过程的问题——重要的是，他们写出来的故事，如何能够紧紧抓住故事力学内在的力量。

一个好的故事并非是偶然的、随意的，抑或是幸运的、神秘的。很多一举成名的故事和家喻户晓的作品，在到达编辑的桌上时，依然需要帮助，所谓的帮助就是将这些故事套回到格局模型的能量核心。一个成功的故事作品，最终都将回归到这个领域，即叙述技巧的可能性。不管作家是否理解故事力学，最终，故事力学的存在或缺失都会影响到故事的力量。而对于初次写作的人而言，如果你自己找不到故事力学，编辑是不会向你伸出援助之手的，通常，他们会拒绝你的稿子。

作家用某种方式获取故事力学，按照一定的顺序关注不同的焦点，使故事力学最优化。你对故事力学了解得越深入，就越能快速地发挥出它们的作用。

故事开发过程的三个阶段

故事开发过程包含如下三个阶段，有时，这些阶段会同时出现，有时则是分开的，但无论是同时出现还是分开出现，一般总是按如下的顺序展开：

1. 寻找故事，从灵光一现的想法出发，将其提升为一个立意，接着按故事序列展开。

2. 设计故事。

3. 故事写作、润色，最终定稿。

寻找——设计——写作

故事开发过程的主体部分是在上述第一步中完成的，主要包括寻找和确定故事的节拍、语境与潜台词。实际上，在第二步当中，我们对故事的寻找仍在继续，因为一些新的想法的出现，并不顾及你处于故事开发过程的哪一个阶段，而且好的故事设计，几乎也总会在塑造和打磨的过程中，对你最初的想法进行调整。当你认为自己的故事作品再润色一下就能成为最终稿时，希望你已经完成了整个寻找故事的过程，你的故事设计也经得起推敲。

这是每一个故事的创作过程，即使作家不是以这种方式看待故事创作，抑或不是按照这个顺序来创作故事的。实际上，你可以通过打草稿重新回到一个想法上——一个新的更棒的想法（凭直觉写作的作家将此奉为圣杯），但事实上，最初的想法已经变成一个更有效的想法，因为作家感觉到自己需要更多的东西，所以他会持续不断地去寻找，由此激发出更有效的想法，而这种寻找有可能是在潜意识之下的。

更多的故事力学。

或者这就是问题所在，也可能是很多小说不能发表的原因。你在一开始时瞄准了一个目标，但在具体推进的过程中，才发现自己想要其他的东西，却没能返回去修改那些章节，最后发现，写作那些章节时不知该往哪个方向发展。

一个成功的故事草稿，应该从一开始就紧紧围绕一个想法，围绕由此衍生出的一个能带来足够强大的故事力学的立意，而不是开始时围绕一件事，结果写着写着却变成另一件事。要知道，你购买的那些小说、你阅读过的那些作品，其实是作家对之前并不确定的草稿进行无数次修改之后的版本。

当你仍处于寻找故事的阶段时，如果能意识到这一点，将会对你非常有益。对于那些已经在打草稿的人而言，同样非常有帮助，甚至可以说更有帮助。如果你能够意识到这一点，就能对某些故事节拍进行尝试、审查、舍弃和润色，这都是寻找故事过程的一部分，也是给故事设计阶段增加价值的一方面（不用从头开始）。如果能够意识到这一点，还能阻止你在写作过程中随便将就，避免你吞下那些看似维他命、实则致命的毒药。当一个故事节拍的萌芽感觉对了的时候，当你感觉这样一来比现在的更好的时候，这个寻找过程就已经有回报了。

也许你的文笔的确比那些一线知名作家出色，也许在你看来，某部畅销小说思想浅薄、矫揉造作。但话说回来，你的文笔水平如何、你对他们作品的评价观点如何，这些都不是重点，重点在于：你的故事是否掌握了最基本的、起驱动作用的故事力学？你是否寻找过故事力学，并在作品中对它们进行了核对确认，根据你对故事力学的了解，对它们做出了选择？或者你是否满足于基于故事目前的状况去做选择，而不是通过对应该所在的位置去做选择？

如果你知道故事力学是什么、如何运用故事力学，这样做是可以的：在第一阶段，寻找并发现故事力学；在第二阶段，将它们设计成一个逐渐展开的故事序列；在第三阶段，运用故事力学。

所有这些，要么通过一系列草稿完成（也就是凭自己的直觉讲述故事），要么通过故事构思实现，要么是两者的有机结合。但在结果方面，都有着同样的标准，都要求作者运用好自己所掌握的内在的故事力学。

我的意思并不是要求你去列提纲，或者说把列提纲作为寻找故事的过程（顺便说一句，我本人是支持列提纲的）。因为，如果做得对的话，打草稿同样有效。尽管习惯打草稿的人并不喜欢听这些，但事实上就是如此：这条路比较崎岖。因为你是在打草稿的过程中寻找故事。这样做，就如同等到飞机起飞后才提交飞行计划一样。我见过很多在立意和结构性方面存在着严重问题的手稿，这些手稿绝大部分来自于那些凭直觉打草稿的作者，他们在过程中迷失了方向。

故事力学不偏不倚，也不在乎你选择何种写作方式，它们只是决定了你写出来的故事最终结果如何。

作家在第一步和第二步采取的方式看起来几乎一样：不停地去打草稿，直到弄对为止；或者不断地去构思，直到弄对为止。在这两种情况下，直到你将内在的故事力学最优化，找到最行之有效的故事力学，结果才会“弄对”。当你只用一稿就弄对，或者说不管你在第几稿中弄对，这个故事就大有希望。

但就在这个位置，在构思草稿和最终定稿之间，有一条岔路。明智的作家能够认出这条岔路。如果你清楚自己正处在寻找阶段，每一个故事的节拍都有待确定，这也可能是在打草稿的过程中，或是在列提纲和构思的过程中。当你有了一个更好的想法，就立刻返回去，根据这个想法，重新打草稿或列提纲。这就是寻找故事的本质：把更好的故事节拍（时刻）落到纸面上。

如果你仅仅满足于第一个想法——这种想法有时是自然产生的，有时是在狂热地、激动地倾吐中产生的，或者如果你仅仅是凭自己的直觉，从一个想法跳到另一个想法，没有根据语境（故事力学和故事格局）来审视它们，你也许会错失为故事增值的机会。

抑或，你很快就会收到退稿信。

什么是更好的想法?

更好的想法指的是什么？

指的是在任何给定的时刻，能够显著提升故事力学水平的想法，提升故事的强度、清晰度或原创性。举例如下：一个更强有力的立意能够给我们带来更强大的张力、矛盾冲突与利害关系；带来更加引人入胜的主人公与更令人毛骨悚然的对手；带来更加丰富的主题，在更有戏剧性的潜台词中展现主题；主人公的经历也更加生动曲折，追求一个更有价值的目标，带来更有意义的结果，给读者带来更为丰富的替代性体验；带来更好的第一情节点，在最需要的时候，将一切提升到一个更高的层次，带来更吸引人的故事转折点、更有效的故事场景；诸如此类。

无论是在列提纲期间或是在打草稿期间，当你在故事中做出一次改变，当你对故事进行修改时，你实际上就是在驾驭故事力学的力量。因为，如果这不是一个更好的想法，你不会选择它，而这个想法之所以更好，原因就在于故事力学。

如果你在写作第一稿期间，就能将故事力学的每一个要素最优化，不用列一个提纲进行检验核对，那么我要祝贺你，你确定是一个有天赋的作家、一个真正的文学天才。但是，如果你做不到这一点，就需明白，不管你的寻找过程如何，不管你处于故事开发过程的哪一个阶段，都要不断提升你的故事作品，要么通过不断地推进故事节拍表，要么通过一系列草稿（实质上，草稿是一个加长版的故事提纲）引领你去发现更好的想法，更清楚地找到你的想法中的那些弱点。

我们此处谈论的是自然法则

我们从中可以吸取到的有价值的经验是：尽管基本的写作技巧仅仅是块敲门砖，但是真正将优秀作品与伟大作品区分开来，决定作品能否发表、印刷的关键，在于差异化的力量，即纯粹的、无理性的故事力学。正如你绑在身上的可以是不同类型的降落伞，然后你从飞机上跳下来，此时伞在设计和制造中运用的力学越好，你的降落就越安全、越顺利。在我们的故事创作中，绑在作者身上的这把“伞”，其设计和执行的责任完全落到我们自己肩膀上，因为在写作这个行当里，没有工厂设计好的产品提供给我们，只有那些基本的原则告诉我们如何能够生存下来。要记住，向深渊中纵身一跃的是我们自己，最终结果如何，则完全取决于故事力学。

在写作以外的职业中，我们可以看到自然法则，看到在这个世界上，努力、知识和所有的练习并非总是能够弥补力量、速度或天赋的不足，即便是天上落下来一把梯子，也依然无法弥补。在芸芸众生之中，拥有天赋的人寥寥无几，成功总是在遵循力学的基础之上，通过不断磨炼技巧、积累经验来实现的，甚至需要成年累月的苦学和积累。比如，很多从球队中淘汰下来的球员，同那些留在队中并领薪水的运动员相比，速度一样快，身体一样强壮，但他们仍然无法留在队中，无法参加选拔赛，除非球队教练或老板在他们身上能看到明显的力学力量。

在写作中，天赋不是必要的因素。写作唯一的要求是能够理解，然后根据这一理解采取正确的行动。作为作家，我们的现实境遇并非由我们与生俱来的才能所决定的，即使有些作家看似“天生会讲故事”。但实际上，并没有“写作天赋”这一回事。那么，你一直吹嘘的那些语言技巧如何呢？如果你缺乏故事感觉的话，语言技巧在出版业中简直不值一提。

这一直是、而且永远是一门可以习得的技艺

大多数作家的一夜成名都来自于多年的勤学苦练，甚至是几十年的不懈坚持。台上一分钟，台下十年功。

马尔科姆·拉德威尔在他的小说《异类》（*Outliers*）（小布朗出版公司于 2008 年出版）中提及，在任何一个基于技巧、艺术或知识的行当里，伟大的成功至少需要 1 万个小时的练习、学习、反复试验、失败和成功。算一算：不管你每年在电脑前坐多少个小时，这都需要很多年的时间。

故事创作也许是证明拉德威尔论断的一个最生动的例子。

你的过程决定不了你的结果

“哦，很抱歉，我的故事不太好，但这就是我的过程，能得到的结果就是现在这样。”我听到过一些作家在抱怨他们没有合适的方式找到故事节拍，他们的过程决定了他们的结果。有些人仅仅看着跑步机就能减肥，但是有些人连跑步机怎么使用都不知道，这两者都是过程。过程是我们所有人需要做出选择的因素。但愿，我们都能够为自己做出正确的选择。

你写作的过程，也许会决定你所花费的精力，以及你打印草稿所需使用的墨盒数量，但是最后发挥作用的、必要的故事力学都是一样

的，无论你的过程如何，无论你是提前构思好每一个故事节拍，还是毫无思绪地看着空白的页面发呆（肯定需要经过大量修改的过程）。因此，你需要一遍一遍地进行修改，直到弄对为止。不论是哪种极端情况，你的目标就是确定并驾驭故事力学。当寻找故事本身充满力量时，这个目标就能更有效地实现。

这就是寻找故事。基于你运用的故事力学的要求，了解下一步应该做什么。你寻找的故事节拍，应该是那些能够提供最可能、最强大、最合适的故事力学的节拍。

最高层面的故事力学包含六种力量

我将在下一章中为你一一介绍。你现在已经了解了它们的背景，也已经看到，它们对于一个成功的故事有多么重要，它们是所有写作过程的关键点。

这六种力量可以进一步分解，且容易产生争论：故事力学不只六个要素。但这些分解出来的要素并非核心技能，而是隐藏在技能背后的强大力量，是使得六大核心技能有效发挥作用的力量（乍一看可能会让人困惑，因为故事创作中包含六个重要的核心技能，每一个技能都使用了不同的故事力学因素，参见第 22 章）。每一个成功的故事都综合运用了这些力量，不管它们是如何落到纸面上的。

故事力学就在那里，需要由我们来发挥它的杠杆作用。

4 故事力学的定义

> 故事能否成功，由你自己选择。

故事力学不是故事创作的菜谱，而是决定菜谱质量的食材的性质。故事力学也不是用于故事创作的工具（关于故事创作工具，请参阅第 22 章），而是运用和发挥工具作用的强大推动力。

做一道菜，是要微辣、中辣还是特辣，由我们自己选择。

让我们进一步做一下类比。写一本书相当于烹饪一顿豪华大餐：很多道菜，不同口味，但所有的菜都要围绕一个主题。为此，我们需要准备厨具——盘子、平底锅、火炉、黄油刀；需要基本的菜谱；需要烹饪技巧（注意，端上来的牛排不能跟冰球一样硬）。做出来的菜，由各种各样的食材组成，每一种食材对结果都会发挥不同的作用。上菜时，也要按照特定的顺序，形成一定的组合，食材和菜谱要符合它们在用餐体验中的角色（比如，如果在甜点里放塔巴斯科辣酱[①]，那可不行）。

厨师从商店买来食材，使用自己觉得顺手的厨具。她或许会选用冷冻的食材，或者是快过期的打折商品；她或许会使用本地品牌，舍

① 塔巴斯科辣酱是墨西哥口味的辣酱，主要由胡椒、醋和盐做成，味道辣中带酸。

弃那些昂贵的品牌；她自己不制作酱料和香料，而是直接打开酱料和香料罐子，把它们从里面倒出来。

跟普通厨师不在一个层次上的专业大厨可不这么想，即使两者手上拿到的是同样的菜谱。专业大厨自己种植香料，只采摘最完美的部分；她到精品肉铺去选购食材，亲自去农贸市场选购最新鲜的水果蔬菜；她会经常光顾一家特别的面包房，因为这家店从来没有让她失望过；她深知生长在意大利的产品和生长在堪萨斯州的产品之间的细微差别；她根据自己的训练和经验，精心挑选精致的、具有专业品质的厨具。

她为口味、品质、新鲜度和色泽着迷。

同样的菜谱，同样的食材，专业大厨不会将就，因为味道的轻重、菜品细微的差别和盘子的造型，都非常重要。专业大厨了解哪种力学能够带来出色的用餐体验，她做出的那些菜，都是用专业的厨具烹饪最优质的食材。在这些方面，专业大厨一丝不苟，即使自己也可以制作那些菜谱。

力学应该恰如其分地运用到对象当中。烹饪力学与故事力学相似：更好的食材和更好的厨具，结合经过实践检验的菜谱，按照个人口味调味，自然会带来更好的结果。

普通厨师与专业大厨的区别在于：专业大厨对菜谱心存敬意，但会在烹饪中留下自己的烙印；专业大厨尊重准备烹饪的力学，甚至不仅仅在于对食材的精挑细选（比如，肉类的烹饪必须掌握一定的时间，有些菜要在热的时候上，有些菜则在冷的时候上，有些菜在室温时上），想要菲力牛排的时候，绝不会用牛肉里脊凑合。这些都是力学问题。专业大厨讨厌规则，但力学不是规则，而是真理，是结果，是自然。正因为专业大厨选择优质的食材，在烹饪力学的指导下运用这些食材，解放厨具的局限性，抓住菜谱的细微差别，才成就了一次伟大的用餐体验。其中任何一个要素的妥协，都有可能使得用餐效果大打折扣。

同样，职业作家也需要选择他们使用的原料，决定如何做好事前准备、如何将材料进行组合。火候、细微差别和时间都由自己掌握，即使当故事菜谱不可改变时——至少也要根据上下文进行选择。这些选择能够决定故事最后能否取得成功，决定了我们是否要把整个故事扔进垃圾桶，从头再来。

故事力学包含六个关键要素。

当你用这六种故事力学要素作为叙述选择的标准时，它既是定性和定量的标准，也是审查故事选择的方法，结果将会创作出一个抓住了力学的内在力量和更有效的故事。否则，即使你有更好的选择，却任由六种力量在打草稿的过程中自然呈现，实际上可能会限制故事创作，不能完全发挥故事的内在潜力。针对某个特定的故事场景，当作者接受了脑海中蹦出的第一个想法时，创作随之展开，这种情况就有可能发生。或者，更糟糕的是，当作者强迫自己去写某个场景、试图在困境中进行写作时，将会把故事带上一条或许不是最佳的道路上，故事场景的顺序没有最优化。换句话说，将把作者带入更加无法逃避的叙述困境当中。

举个例子，关于如何为你的故事大餐选择正确的“香料”：一份有吸引力的工作更有助于人物形象的塑造和情节的推进，可是，你为你的主人公设定了一份普通的工作，因为他是一个日常生活中的普通人，换句话说，你给了他一份乏味的工作。为什么会这样？因为这份工作曾经或者现在是你的工作，你对它非常熟悉。在你以往的写作中，你曾被告知要写自己了解的东西，这导致了你现在不假思索就会往这个方向选择。这看上去是个可靠的建议，却并不是最佳的建议。

也许你所从事的工作对你来说很有吸引力，但这份工作对其他人也同样有吸引力吗？除非你的故事情节依赖于主人公的职业，在这种情况下，是情节定义了职业，如果不是这样的话，你就可以往故事中加入一些有趣的素材，来推进人物形象的刻画和故事背景。比如，加入一些具有更强大的故事力学的素材。我们暂且不考虑政治立场是否正确，但一个人的职业会透露出他性格的某些方面：正如人们看待敛尸者或者快餐店员工的眼光，与看待其他行业的眼光是不一样的，比如音乐家或税务员。这不是一个判断问题，而是一类职业包含了引人入胜的细节，另一类职业则平淡无奇。引人入胜、有趣，总会让作品更好一点，除非你真的想要把你故事里的人物刻画得普普通通、毫无新意。

你总可以找到有助于提升故事的创意选择。有时，你需要做的是寻找这种选择，而不是接受第一个跳入你脑海中的想法。

故事力学是决定故事体验的六种推动力——六种领域、本质、力量、杠杆作用。它们将决定你的小说是惊险刺激，还是单调乏味；是激动人心，还是感觉平平；是出人意料，还是显而易见；是性感诱惑，还是索然无味，所有这些都由它们自身的内在力量、它们与人类共有的欲望和共鸣的联系以及它们被应用的强度所决定。它们是我们可以完全掌控的因素。

读者希望去在乎、去感受，他们希望在故事中学习，从作品中获得惊奇、悸动、惊叹等感受，通过故事去寻求答案，希望为之恐惧、为之担忧、为之惊讶，支持某些事情或某些人，与之产生共鸣，最终，或心满意足，或目瞪口呆，或大为震惊，总之，会为自己花费时间在这个故事上感到欣慰。能够带来这些效果的，正是故事力学，正是故事力学带来的恰当选择和杠杆作用。

读者在小说和电影中迷失自我，通常有两种看似矛盾的方式，这有两个看似相悖的原因：他们想逃离平凡的、世俗的现实世界；他们想看到整个生活被撕碎成富有意义的子集。他们希望过上另外一种生活，哪怕只有短短的几个小时。我们所从事的工作，恰恰就是使得另外一种生活丰富、激动人心、充满意义，即乏味枯燥的对立面。

故事力学使得读者的梦想变为现实。从最初的想法开始，故事力学由作者支配。作者通过自己的选择，发挥力学的杠杆作用，提升其最初的想法，将好的想法变成伟大的想法，将平淡无奇的食材变成美味的三色巧克力。故事力学是点燃故事火焰的燃料。不要拿那些最简单、距离自己最近的燃料，你要发现最好的燃料，你要寻找并抓住最易点燃的燃料，去点燃最持久、最明亮的火焰。如果爆炸的效果更好，为什么还要用火柴呢？你需要用优质汽油，浇在你的火焰上，而不是用昨天炸鱼剩下的那点油。

故事被退稿的一个主要原因，就是作者挖得不够深或不够高，两者并不矛盾。

作家朋友们，重视故事力学吧，它们是一组强有力的要素，一旦领悟，必将成为你最好的新朋友。不管你是否意识到它们，故事力学已经在你创作的故事中发挥作用。就是现在，你可以告诉它们做什么，而不是任由它们横冲直撞，或者完全从你的故事中退出。

1. 引人入胜的叙述预设、 问题或承诺

从一个想法开始，这个想法可能很笼统，甚至不能称之为一个想法（比如，我想写一个爱情故事），抑或是一句话、一个短语，来暗示整个故事（比如，我想写一个关于1980年美国奥运会曲棍球队的故事）。在某个时候，这个想法需要演变为立意，为逐渐展开的戏剧弧线设定舞台，而戏剧弧线则由逐渐展开的人物弧线所驱动。当一个想法暗含或是引入一个冲突时，它就已经进入立意的范畴。

即使是那个关于曲棍球队的想法也是没有立意的。

每一个故事都需要一个立意。在你将想法变成立意之前，你无法将“一个想法”写成一个成功的故事。

但不是所有的立意都是相似的。有些立意完全符合标准，明确了冲突，或者暗含冲突，提出一个戏剧性的问题，但是就故事力学而言，这些立意不是非常有力。比如，“人羊恋”是一个立意，但不是将故事力学要素的内在力量最优化的立意。要想立意最优化，你还需要加入更多要素——比如，“穆斯林和共和党之间的爱情故事”——立即便有了一个引人入胜的可靠的立意，甚至在它还没有被写出来之前就已经很吸引人。

这并不意味着你不能通过加入一些要素而使得想法行之有效，但是，这也不意味着你应该将就某个想法，或者试图通过写作过程使它变得行之有效。这一过程也被称为“寻找故事”。寻找故事，从最根本的层面来说，实际上就是寻找一个更加强有力的、更有深度的立意。如果想法本身平淡无奇，没有任何创意，或者了无趣味，从这个想法中衍生的立意也是如此，那么要想加入故事要素来提升这一想法就变得非常困难。

我们现在谈论的是一个本身很具有吸引力的立意，如将泰坦尼克号从海底打捞上来；1962 年密西西比州杰克逊小镇上的黑人女佣的境遇；在一个残酷的反乌托邦社会主导和控制的仪式中，一个年轻的女孩被迫投入一场生死斗争中，等等。以一个带有戏剧性问题的立意开始你的故事创作——这些问题从本质上暗示了引人入胜的、有趣的、值得挖掘的答案。

我没有任何想要贬低丹·布朗的意思，但确实有上千位作家，能够用布朗的《达·芬奇密码》中同样的想法，综合运用同样的要素，写出一本更好的小说或剧本。

何以如此？

因为书中的立意和各种各样的主题，大胆到令人震惊，在任何一个优秀的作家手里都可以成功。（但有必要明确的是，写作仍然是故事开发过程的一个必要部分，实际上，写作除了被分解成六大核心技能中的两个要素之外，还是故事力学的核心要素之一，更多内容请参阅第 22 章。）这样的立意化与乏味的才能没有什么关系，尽管你可以争辩说，能够发现这种引人入胜的立意本身也是一种才能。实际上，这种才能是可以通过理解和把握故事力学来培养的，再加上作家绝妙的想象力。但是，真正与这种立意化密切相关的是，要区别不同想法或立意之间的内在力量的能力，了解如何开发、如何执行。

在这方面，丹·布朗的确令人钦佩。他抓住了想法的内在力量（可以是任何事情），自然而然地将其演变为一个绝妙的立意，并以敏锐的设计感和对称感落实到纸面上，在这个例子中，将一套立意融合成一个强有力的叙述，通过六大核心技能中的两个技能——立意和主题，故事得以提升到一个非常有效的层次。结果，他创造了畅销书的销售纪录。

很多作家以读者的口吻表示，他们不在乎丹·布朗这本书。没错，我们都可以有自己的观点，在很多情况下，这种观点和个人的信仰体系、无知与赤裸裸的嫉妒有关，正如和文学敏感性相关一样。对每一部有情节的商业畅销书而言——它们每一部都有情节——总是不可避免地会听到来自其他领域的作家的噪音以及他们的愤愤不平。

事实上，真正在发挥作用的是故事力学。

从故事构思的那一刻开始，作家就可以开始寻找能提供强大的故事力学的故事节拍。你可以问问自己，这个想法的有趣之处在哪里？如何能让它变得更有趣？这个想法如何给主人公带来矛盾和冲突？这个想法能否带来一条主线，并通过精巧的节奏展开？能不能让读者从中有所感触？如果做不到上述这些，那么，请对照上下文，重新修正这一想法，看看会发生什么事情。

作为作家，我们应该接受这样一个观点：并不是所有的想法本身都是有趣的，即使是我们自己的想法。我们必须扪心自问：如何加工这个想法，并努力地提升它？

提升到什么层次？立意的层次。

一旦提升，你的立意会衍生出什么问题？在一系列场景和故事节拍中，你将展现什么样的答案，给出什么样的叙述？它们有什么引人入胜和不可思议的地方？

回到之前的一个例子，“关于 12 世纪爱尔兰的一部历史小说”，这是一个想法，但是除了故事背景和社会学之外，它本身并没有什么有趣的地方。因此，它还不是一个立意。单独而言，它不足以支撑一个故事。“好吧，爱尔兰挺酷的，我怎么能表现出它的酷呢？”除了这个问题，还能提出什么立意方面的问题呢？千万不要弄错了：如果你头脑中只有这一个想法，就开始动笔打草稿，那么，这仅仅是寻找故事的开始。

这一点在类型小说中尤其具有挑战性。推理小说基本上是关于破解谋杀案的故事，而浪漫故事基本上是关于两个人相爱的故事。那么，引人入胜的问题，就是你必须加入决定小说类型的、必要的立意中的要素。使用所有的故事力学来丰富这一想法：一个引人入胜的背景设定，一个难以对付的困难障碍，令人感同身受的主人公形象，一些新的、给人以激励的事物，并且将其绝妙地落到纸面上。

用这些标准来判断你的立意：你的立意有什么含义？能让读者产生什么期待？是否确定这个故事的展开是由戏剧张力来驱动的？在这个立意中，主人公想要什么？为什么想要？这一欲望会遭到哪些阻碍？正确的立意会将你指引到这里；如果指引不了，很可能是你还没有抓住故事力学的精髓。

现在，回到讨论的起点。我提到过一个词："预设"。故事力学的第一个要素就是"一个引人入胜的预设"。

想法、立意和预设三者之间有区别。有人觉得我这是在玩文字游戏，吹毛求疵，但是对于孜孜以求的作家而言，这是一个十分有益的区别。正如不能带来立意的想法只是白纸一张，没有预设的立意，同一个拥有引人入胜的预设的立意相比，更不能称之为故事。

立意专注于戏剧张力的潜力。当你将人物加入其中时，预设就产生了。

在《达·芬奇密码》中，可以进行如下分解：

想法：一个关于宗教真实性的故事，基于某些持续至今的神秘因素，包括莱昂纳多·达·芬奇被认为是一个秘密教派的成员。（这是一个很强大的想法，已经倾向于立意这边，因为这一想法暗含了冲突，挑战了人们普遍接受的信仰体系。更简单的想法可能是：这是一个关于教堂真实性的故事，或者一个关于圣杯的故事，或者关于更多的其他潜在可能性的起点。当然，丹·布朗并没有给我回电话澄清。）

立意：如果耶稣实际上没有被钉死在十字架上，教堂掩盖了事实真相以确保自己的权威，并且从那以后通过一个秘密的暗杀教派开始了杀戮，任何有可能发现事实真相的人都会被暗杀，该教派已存在了几个世纪（注意，此处没有人物，只有剧情和张力）。

预设：故事是有关一位符号学家被召唤去，分析一个谋杀案的现场留下的线索，他发现谋杀背后关系到更大的权力，当他越来越接近真相，发现了谋杀案的罪魁祸首时，他的生命也越来越危险，而罪魁祸首恰恰就是天主教堂的最高领导层。注意，这个预设的重点在人物，同样具有戏剧性和强大的主题。

想法引向立意，立意引向预设。两者都在演变和提升。人物是将立意转变为预设的本质，处于故事叙述最重要的位置，与冲突并列为故事创作技巧中最有力的因素。所以，在立意与故事中的人物结合之前，故事不能被称为真正的故事。即使你的想法只是一个人物（我的第一部小说就是这样开始的），你也需要从人物中创造一个立意，当这个想法开始将你引向某个地方时，这个场景标题就叫做“预设”。

举例，一个关于如何在经济大萧条中生存下来的故事，现在，这仅仅是一个想法；一个关于在经济大萧条中通过偷窃别人食物生存下来的故事，到了这里，它才是一个立意；一个关于年轻男孩得知自己的父母如何在经济大萧条中生存下来的真相的故事，此时，它就成为一个预设。

故事力学的第一个要素是“一个引人入胜的预设”。这基于我前面提到的那个家喻户晓的谚语：猪耳朵做不出丝钱袋。因此，首先确保你的预设是“真丝”，最终，你才更有机会用织好的丝钱袋去装银币。

2. 戏剧张力

戏剧张力很简单并普遍适用，且永恒不变：你的故事必须有一个主人公（最终解决故事的主角）。作为作者，你必须要让这个主人公有事可做，形式可能是源于某种需要，应对某个挑战、有待解决的问题、有待实现的目标、有待进行的探索。接着，你需要在主人公探索解决方案或实现期望的道路上，设置重重障碍。主人公需要实现的目标与这些障碍之间即将发生的碰撞，就是戏剧张力，它从冲突中衍生出来。戏剧张力会提出一个问题：此处将要发生什么事情？接着，舞台已经为下一个关键问题做好了布局，那就是：我为什么要在乎？

如果一定要选择一个词，而且只能选择一个词，作为所有小说中最核心的本质，那就是“冲突”。没有冲突，就没有故事。

当你在寻找故事的同时，冲突应该是你做出所有创意选择的驱动力。每幕场景、每幕场景中的每个时刻，如何服务于“冲突”的构建、展现与说明？

为什么冲突如此重要？

因为，无论是直接还是间接的，冲突就是产生戏剧张力的要素，而戏剧张力是故事力学最关键的力量之一。

人物驱动型的作家总是试图挑战这一观点，但从未成功。即使在你的故事中，冲突是内在的、微妙的，它仍然需要存在，并在故事中充当催化剂的角色。具有讽刺意味的是，同样是这群公开反对冲突的作家，他们的写作仍然依赖冲突，并将其作为戏剧张力的来源，应用到他们的故事创作中——这一点不可改变，即通过人物的内心冲突产生戏剧张力。冲突越是内在、越是微妙，就越需要有效地发挥其他故事要素和故事力学的作用。尽管如此，不管是否刺激，外部冲突都需要存在，否则，故事就会像婚姻咨询会上的台词一样呆板枯燥了。

第一情节点（参阅第 22 章）之后的每幕场景，都应该展现程度不一的戏剧张力，至少对照上下文而言如此。第一情节点之前的每幕场景，都应该要为这种动态机制布局，要么通过伏笔，从主人公的背景故事和当下的语境中，建立起利害关系；要么提升有助于第一情节点的转折。

是什么使上面这些变得行之有效？答案就是故事背后的力学，是你为主人公确立的利害关系，这一利害关系通常以一个戏剧问题的形式表达出来，比如，主人公最后能得到这个女孩吗？女孩能得到主人公吗？城市能够被拯救吗？正义终将得到伸张吗？

利害关系是驱动故事的原因，是人物的思想和行为的动因。在故事中，主人公会得到什么、失去什么？成功或失败会带来怎样的结果？如果你能够驾驭这些冲突驱动的力学，让读者完全被这些利害关系牵引，那么你的故事极有可能获得成功，甚至可以说会大获成功。

当然，这也是带你进入故事力学六大核心要素的另一个因素。

《饥饿游戏》（*The Hunger Games*）（参阅第 24 章）不仅仅是关于一个女孩和一个反乌托邦式社会的故事，这个故事也以一种可怕的方式提醒我们，让我们想到自己。这才是立意，直到加入冲突和预设之后，立意才得以完全开发。

这个故事的格局，几乎完全由源于外部冲突的戏剧张力所驱动（尽管凯特尼斯也有内心冲突）。她被送到一个地方，在那里，人人都想要杀掉她。很显然，这是再外部不过的外部冲突了。为了娱乐观众，邪恶的玩偶大师在她被杀掉之前，想方设法地折磨她。伤害与本性成为通往安全的阻碍，友谊挑战着生存。故事内部的冲突：内心对爱情的抵抗，以及对自己感情的困惑，在这种危险的外部环境下，威胁到她的生存能力。

在《相助》（*The Help*）（参阅第 23 章）中，冲突以社会规范和信仰体系的形式存在，强化了狂热者和胆小者的行为举止，也让真正的英雄主义和人物应运而生。这是一种替代性体验（让读者觉得自己好像身临其境，感觉此刻自己就是身在 1962 年密西西比州杰克逊镇上），读者与人物产生了共鸣，读者渴望看到戏剧张力最终带来满意的结局。换句话说，作品中故事力学是存在的，在一个描述性句子里就使用了三个故事力学要素。《相助》展现了故事力学相互融为一体，创造的价值远远超过任何一个单一要素的价值。

你可以说，这个故事是有关背景或主题的（在寻找故事阶段，在我们意识到故事需要更多精华之前，我们常常这样做）。是的，《相助》的确是有关 1962 年密西西比州杰克逊镇上的种族歧视与黑人女佣困境的一个故事。但是这样一种故事描述，只能张贴在电梯里或是写在电子邮件中，因为它没有提供任何真正用于讲述故事的结构戏剧内容；更重要的是，它没有给作家提供一些能写出一个真正的故事的素材。没有斯多克特和她的这本书，没有那个令人作呕的馅饼，这个故事就像大一新生写出来的社会实践报告。戏剧张力、出色的立意和主题叙述，这三者的共同努力使得《相助》这本书取得了成功。如果你有心的话，也许会注意到此处故事力学的前两个要素，正是这个故事取得成功的关键。即使故事的其他要素表现平平（但事实并非如此），凭借这两股故事推动力，《相助》仍有机会取得成功。

3. 揭示的节奏

当我埋头写作这本书时，妻子正在阅读约翰·欧文[①]的小说《倒错之身》（*In One Person*）。刚读了几页，她就对我说："你一定要读一读这本书，文笔优美，滴水不漏。"妻子这么评价是理所当然的，因为他是约翰·欧文，是对抒情时刻拥有一双诗人眼睛的"摔跤手"，他的畅销小说《苹果酒屋法则》（*The Cider House Rules*），经改编搬上了银幕，还获得了奥斯卡最佳改编剧本奖。作家的文笔也是六大核心技能之一，因此我的妻子一定会注意到这一点。

几天之后，妻子没再看这本书，而是翻阅一本杂志，那部小说就静静地躺在她的床头柜上，大约在一半的地方还插着一枚书签。我问她为何不继续读下去，妻子说："我觉得欧文有种江郎才尽的感觉，或者他是在吐露心中的某些魔鬼，只是这个魔鬼有点儿乏味。"我让她进一步解释一下这句话。她告诉我，这个故事散漫、没有方向，没有真正的冲突驱动的情节，"书中全是内心对话，全是人物。"我接着问她，当然，有点儿反问她的意思，那这是不是一件坏事？她如是回答："如果我不想再接着读这本破书，那它就是一件坏事。"

---

① 约翰·欧文（*John Irving*，1942— ），又译约翰·艾文，当代美国最知名的小说家之一，被美国文坛泰斗冯内古特誉为"美国最重要的幽默作家"。

好吧，他是约翰·欧文，他可以这么做。

正如斯蒂芬·金写了一本1 000页的鸿篇巨制，而实际上，如果有人敢于大刀阔斧地进行编辑的话，那本小说可以削减到450页。乔纳森·法兰森也是，他是那些迷恋着知识界文人的主要性感偶像。坦白说，他的两本书我都买了。在过去十年中，他是最受好评的作者之一，因此，我觉得自己应该而且能够从他身上学到些什么（评论家包括在迷恋知识界的人群之中）。可惜，我一本也没有看完。这样的故事有市场，但是必须明确的是：它们不是针对所有读者的。它们不是最佳商业小说的典范，尽管它们的销量巨大（我敢打赌，其中有相当一部分人没有读完）。作为一个作家，你需要准确了解你是在为谁而写，你需要满足他们的期待和渴望。你的故事越是基于类型的小说，这一点就越关键。

对我来说，甚至对很多读者而言，阅读欧文和法兰森的小说主要是出于内心的愧疚而去追赶市场潮流，而不是去迎合我们更加商业化的文学品位。这类小说阅读不下去的问题就在于故事力学，或者说在于故事力学的缺失。这些作者没有真正将戏剧张力最优化，也没有提供一个引人入胜的核心预设。他们所提供的是让读者触摸人物内心的最深处，但是，要想仅以此就抓住读者，是非常困难的。因此，这些书没有吸引住我，也没有吸引住我的妻子，或者没有吸引住任何一个能够坦白承认的读者。

我举这些例子，丝毫没有对他们心存不敬的意思。这些人都是天才作家，但这恰恰是我们遇到的问题之一：与他们相比，我们这些“其他人”，并不是什么天才作家。

除了戏剧张力和引人入胜的预设之外，还有另外一个要素是上述这类作者的作品所没有抓住的，那就是，他们的作品节奏缓慢，或者根本就没有什么节奏。特别是法兰森的作品，读起来感觉就像是在看一张静止的照片，他对其给予了高度的精神失常的诠释。而另一方面，尼尔森·德米勒、麦克·康纳利、丹尼斯·勒翰、诺拉·罗伯茨（他们的文笔有时会和欧文、法兰森的一样有修养、有深度），他们都富有艺术的节奏。他们的小说很快会跳入戏剧张力之中，紧紧地吸引住读者，使读者与主人公产生强烈的共鸣，接着，点火，故事从这里开始迅速发展。对于这些作者而言，没有那种枯燥的定格式的活体解剖，阅读他们的作品是一种享受，而不是什么苦差事。

节奏完全在作者自己的掌控之中，最好的节奏是根据结构这一核心技能落到纸面上的。故事结构主张把故事分为四个按次序排列的部分，每一部分的篇幅相当，每一部分都要完成一个不同的语境任务，每一部分都由重要的故事转折点分开，每一个转折点都有其清晰的任务，要在叙述中完成（参阅第 22 章）。这四部分以及把它们分隔开的转折点，其终极任务就是将叙述节奏最优化。

在故事的第一部分“布局”中，节奏处于次要位置，更重要的是介绍主人公、世界观、利害关系，以及即将在第一情节点上揭露出来的阴谋。第一情节点这幕场景——可以说是故事中最重要的时刻——将第一部分和第二部分分开。然而，一旦你进入第二部分，你就应该积极主动地寻找各种方式，将故事不断地向前推进。此刻，主人公有一个问题亟须解决，或者要踏上一段未知的旅程，或者开始向某个方向探索，第二部分的语境就是向我们展示主人公对这种新状态做出的反应，这种新状态是从第一情节点开始的（或者在更早之前就开始了，只是在第一情节点被充分展现出来）。

在第三部分，故事节奏进一步加快，主人公面临着压力和利害关系，积极主动地解决问题，故事从第二部分的反应语境，进入主动解决问题的语境模式。第四部分开始把火点着、加热（戏剧张力），故事弧线和人物动机汇合在一起，为主人公在第四部分成为故事结局积极主动的推动力做好布局。

《饥饿游戏》再次提供了关于节奏的经典案例分析。故事的开头进展很快，凯特尼斯自愿代替妹妹成为本区的贡品。她乘坐火车来到首都凯皮特，开始技能训练，一步步接近比赛，故事节奏进一步加快。

但是，在这个故事中，凯特尼斯与皮塔的关系是戏剧张力中人物驱动的部分。在第二部分开始加快节奏，皮塔公开自己对凯特尼斯的爱慕，他们的指导老师黑米斯赞成这一点，认为这是一个聪明的生存策略。他们的这段关系使故事起了新的涟漪，加快了故事节奏。接着，在比赛开始之后，观众发现皮塔似乎背叛了凯特尼斯，这进一步加剧了戏剧张力，故事节奏再次加快。

当你阅读这个故事时，注意，即使开头节奏已经很快，但随着故事的推进，节奏会变得越来越快。这就是最佳的节奏，即使在以第一人称的内心对话作为叙述声音的情况下。

在你的故事中的任何一个给定的时刻，思考一下每一幕场景或者每一个时刻如何有助于提升故事的节奏。根据你在故事中的位置，可以去考量，你究竟是在推动力学，还是让故事处于停顿状态，甚至是否在应当前进的时候让故事倒退。

作为作者，最不想看到的事情就是，当读者觉得故事节奏应该加快时，却没有任何事情发生，于是，读者开始感到乏味。节奏感是可以经过学习锻炼获得的，但一个人并不能自然而然地把自己作为读者的那种直觉，转变为作为作家的直觉，不幸的是，这恰恰是有些作家所缺乏的方面。当我们面对空白的稿纸开始自己的创作时，我们作为读者获得的故事直觉，通常会让我们感到失望。

节奏性差的故事最常见的错误之一就是：缺乏作为戏剧张力来源的故事主线。换句话说，故事片段化，更多的是关于一个时间、地点的，故事中的主人公也仅仅是从一个探险转到另一个探险中，没有一个核心的故事将事件连贯起来、不断推进，没有逐渐地、急剧地去成长、变化、加强，从而使事件变得更加清晰、更具戏剧性。以小说或剧本形式展示一个人的生平事迹，通常会犯上面那种错误，此类故事唯一能够行之有效的方法是，故事中人物的生平是读者感兴趣的东西。比如像埃德加·胡佛或者亚伯拉罕·林肯这样的人，事实上，他们的生平故事已经被搬上银幕。

解决问题的方法就在于综合运用一些戏剧张力要素，贯穿全书，接着有策略地推进故事的发展和揭示。比如，在《饥饿游戏》中，关于主人公凯特尼斯的生存这一重大戏剧性问题始终悬而未决，时时牵动着读者的心。但在故事的推进过程中，还有一些小的戏剧在上演并需要解决，每一出小的戏剧都使我们进一步深入到故事中，重大问题的解决也向前迈进了一步。

不进则退。这是生活的法则，在小说中同样如此。

4. 与主人公共鸣

从我们接受写作教育的第一天起，故事或小说是有关一个人物或主人公的观念就被灌输到我们的头脑里。有时，这被视为故事创作的最高使命：故事一切的一切，都是有关人物形象刻画的，我们的读者需要喜欢上作品的主人公。

这话既对，也不对。听上去有点像悖论，但却是一个好的悖论。

我们的故事既要有一个引人入胜的主人公，也要有一个引人入胜的预设。当两者都能够行之有效的时候，它们将会相辅相成。人物需要舞台，需要有事情可做。没有冲突和戏剧张力，人物所做的事情就成为片段式的插曲、消磨时间的工作、反应实际生活的一个小片段，仅此而已。但是，当人物拥有一个重要的、戏剧性的目标时，他们要发现一些东西，实现某些预期，逃离某些东西，此时，人物就有了更大的舞台，去展示自我、揭示自己的侧面，以至于你大学时的文学教授都会感到，他以人物为核心的措辞是正确的。

观察、分析人物，同在情感上参与、支持人物，这两者之间存在着区别。相比之下，在情感上参与和支持人物更为重要，也是更有力的故事策略。要运用好这个策略，你需要给你的人物设定一次探索、一次旅程，设定有待解决的问题、有待实现的目标。换句话说，你需要一个“情节”。

读者一定会喜欢上你的主人公，这是一个神话。如果这有助于你的故事固然很好，但不总是必要的。反英雄的人物比比皆是，布鲁斯·威利斯以此为生。而有一点不是神话：读者必须支持你的主人公。对于反英雄在故事探索中的目标也是一样的，尽管这不是绝对的。有些成功的故事，是有关主人公的堕落和衰败。这与故事力学的其他要素有关，因为它要求作者将主人公置于一个充满利害关系和冲突的情况中，充满戏剧张力，让我们感受着他的痛，感受着他的希望，感受着他的一切感受，并且一路支持他。

那么，我们如何做到这一点？

制造共鸣，使读者对主人公的处境、困境、需要和探索产生共鸣，所有这些都与他的敌对势力有关。当我们让主人公踏上征程，或者给他们一些事情去做时，带上利害关系，读者就能感受到这些，并投入其中。读者应该身临其境地感受到故事中的戏剧张力。不仅仅是因为故事本身的恐怖，更因为他们能够轻易地与情境中的情感、利害关系建立起关联，能够切身感受到主人公的感受。读者就是为了获得这种体验而了解这一困境，经历这种恐惧、希望与挫败。他们与主人公产生共鸣，因而参与其中，支持故事中的主人公。

创造共鸣的方式就是建立利害关系。当读者感受到其中的利害得失，你就已经吸引住他了。清晰地表明成功或失败能带来的结果和代价，以及成败最终对每个人产生的影响，你可以使读者感同身受。

读一读麦克·康纳利的小说，你就会看到这是如何发挥作用的。他的书中不仅仅是要解决侦探小说的问题。最好的推理小说总能给读者一种利害攸关的感觉。在犯罪和伸张正义的背后，是强大的敌对势力。读者能够与受害者建立关联，与侦探或者作为调查员的主人公建立关联。读者不仅仅认识到利害关系，更能感受到利害关系。读者与康纳利的主人公及其受害人产生共鸣，因为作者触碰到了读者的心灵，直抵人性深处。这就是他为什么能在这一类型创作的领域中独领风骚的原因。

如果不专注于读者与主人公产生共鸣，爱情类型的小说将一无是处。如果读者感受不到作品中的热度与化学反应，如果女主角内心的渴望、心魔和读者没有什么关联，那么，这个故事就不会太成功。成功的爱情小说家，注重巧妙地操纵读者的感情，使读者与主人公产生共鸣——在爱情中，他们仍然这么做，因为总是有男主角与女主角，但是真正的男主角的身份是可变的，毕竟男人不坏，女人不爱——因此，故事给读者提供了一种替代性体验，这是故事力学的另一要素。

《饥饿游戏》再一次出色地展现了故事力学的这一要素。读者与凯特尼斯建立关联（特别是如果你是一个花季少女的话，这个群体代表了 3 000 万读者中相当大一部分）。我们很容易理解凯特尼斯的经历，即使她的现实距离我们的现实世界十分遥远。我们能够在内心建立丰富的想象：彻底的恐惧、无助、即将到来的毁灭、生存的渴望、背叛的刺痛（当皮塔更换了团队时）、被迫的妥协，等等。作者选择了以第一人称现在时作为叙述视角，带领我们深入主人公的内心和思想，结果，读者很容易从阅读椅上跃入凯特尼斯的内心深处。

这就是主人公共鸣在发挥作用。请注意，主人公共鸣依靠戏剧张力来维持，戏剧张力则通过引人入胜的预设显现，在这样一个预设中，冲突与人物同等重要。

5. 替代性阅读体验

继续来看《饥饿游戏》。

读者不仅同情凯特尼斯（与主人公共鸣），对于她的经历也感同身受（替代性体验）。这个区别有些微妙，但至关重要，开明的作家可以充分发挥它的杠杆作用。读者在故事中与凯特尼斯同在。

我的继孙女（是的，我有这么老了）将这部小说读了两遍，电影看了三遍。我问她为什么，她给我的第一个答案是："因为它很酷。"作为一个讨厌的老头子，我反击说，孩子之间自相残杀的故事并不酷，而且有点儿黑暗。我们为此争辩了一番，最终我弄清楚了这个故事哪些地方吸引了她：孤独的感觉，掌握自己命运的感觉，孩子被赋予力量的感觉，以及这场噩梦般的经历（她承认了这些），而死神步步紧逼。她感受到了这一切。这就是为什么这个故事能够在过去十年成为与《哈利·波特》比肩的最畅销系列小说之一的原因。顺便说一句，《哈利·波特》同样为读者提供了绝妙的替代性体验。

还记得1986年的电影《壮志凌云》（*Top Gun*）吗？汤姆·克鲁斯在电影中饰演了一名F-14战斗机飞行员。我因为用这个故事作为例子而受到批评，但是撇去文学势利主义——《壮志凌云》有一点犯罪的快感——你不能否认，这部电影正是因此而大获成功。这部电影票房大卖，尽管没有赢得赞誉，但在票房收入上肯定是成功的。我就是多次花钱去看的人之一，还买了电影光盘，现在仍然会时不时地观看。

为什么？不是因为伟大的写作或者是出色的表演。当然，表演还可以，特别是克鲁斯的表演，或者是电影原声带（原声带本身是绝妙的）。但作品都不是因为这些而伟大，而是另有原因。

原因就是那些战斗机、航空母舰、训练机制，以及飞行员之间的兄弟情谊。这部电影提供了一次搭便车的经历（几乎跟字面意思一样），它带给我在现实生活中永远不可能拥有的生命体验。正是《壮志凌云》传递的这种替代性体验，使得它大获成功，而这与它所讲述的故事无关。这部电影讲述的故事并不是特别有趣，其中的爱情故事甚至可以在任何环境下发生。相比马弗里克和查丽的爱情，我们更支持马弗里克返回他的驾驶舱中。

替代性体验是一个非常强大的故事力学要素，但是它很少被提及。替代性体验和主人公共鸣不同，但又密切相关。与主人公共鸣使得读者可以感受到主人公的情感和思想状态，因而支持主人公。而替代性体验不同，它是让读者在与主人公的高度共鸣中进一步提升，使得读者能够感受到主人公在某个特定时刻的感觉，亲身去经历这样的时刻，身临其境，这超越了阅读本身，读者俨然成为了故事中的一部分。

当你能够使读者感受到主人公的感受，因而支持你的主人公；当你能够将读者移植到另一个时空中，替代性地经历这段非凡之旅，恭喜你，你已经将故事力学的两个关键要素最优化了。

记得《阿凡达》（*Avatar*）这部电影吗？

我敢肯定，你第二次看这部3D版电影的原因，几乎与这个故事本身无关，而是因为在过程中你被移植到另一个时空中，你能够感受到这个经历，骑在霸王飞龙背上翱翔的经历。你也许与主人公产生了共鸣，也许没有，且第二次看时，共鸣的程度可能没有第一次那么强烈，但这是一套不同的力学。无论从哪方面来看，《阿凡达》更多的是关于你，而不是关于那些数字化生成的人物。

你不需要一部动作片或科幻小说的预设，来使替代性体验发挥作用。你有没有想过为什么《单身汉》[①] 这个电视节目每一季都能吸引成千上万的观众？除了轻微的共鸣以外，并不是因为人物这个要素。更大的原因是，它使你回想起开始一段新恋情的感觉、坠入爱河的感觉，以及为了吸引别人的注意，与自己和情敌斗争的感觉。你会再次坠入爱河，间接地感受这一份恋情。

几年前，皇家加勒比邮轮举行了一场比赛，要求参赛者提交一篇有关乘坐邮轮经历的文章，篇幅在 50 字以内[②]，含一句口号。共有 15 000 人参赛，最终只有一人获得大奖，奖品是四天免费巡游。

我很喜欢邮轮巡游，超爱，于是我出手了。

结果，我赢了。我打败了其他 15 000 名参赛者，独揽大奖，我的口号是："再次坠入爱河。"

之后，我用 46 个字来描述这个特别的概念："在海洋探险者号邮轮的甲板上，再次坠入爱河将会是怎样的感受？在 140 吨豪华邮轮上，享受一个漂浮在海上的蜜月。"但坏消息是，我没有注意到游戏规则上注明："职业作家不得参赛。"我有 25 年的写作经历，出版过 4 部小说，因此在法官面前无话可说。最后，他们给我寄来了一套礼服，一顶带有商标的帽子以及他们的慰问之词，而免费的巡游大奖被别人领去。

替代性体验驱动着一切，包括口号、稿件，以及在满屋子的参赛文章中评委们最喜欢这篇文章的事实。我要提供的下一个替代性体验是：想象一下，如果你是我，感觉会如何？

在《相助》中，凯瑟琳·斯多克特将我们带回 1962 年密西西比州的杰克逊镇。我们"替代性"地到达那里。这种感觉、这股力量与

---

① 《单身汉》(*The Bachelor*)，美版 ABC 电视台的一档相亲真人秀节目，节目每一季会邀请一名钻石王老五在众多女性嘉宾中挑选出一位发展爱情。

② 此处字数为英语情形，与汉语有出入，请读者参考阅读。

我们对人物的喜爱和共鸣，以及我们对压迫他们的价值观的愤怒紧密相关，但又彼此区分。替代性体验是这部小说和电影吸引读者和观众的重要原因。

与主人公共鸣和替代性体验两者结合，融为一体，其价值远远大于两者的简单相加。它们就像是干柴遇到烈火，所引发的爆炸、所释放的能量，远远超过其中任何一个单独能产生的。

6. 叙事策略

此处的“叙事”指的是“讲故事的方法”。

尽管我的写作风格属于成功写作的六大核心技能之一（参阅第22章），但我此处的“叙事策略”并非指的是写作风格，也不是指故事的平面图或故事结构（参阅第22章）。“叙事策略”指的是你如何讲故事，以何种视角、框架技巧和创造性的方法来讲。

这也许延伸了力学的经典定义，但我认为，此处的阐释是较为合适的。想一想我们的人体本身：所有必要的身体部件就位，完美的五官、发达的肌肉、秀美的头发。但，它还没有生命，直到具有了生命力，才能说这个身体有了生命。这种生命力表现在作品上就是纯粹的力学。直到它通过感觉和经历具有了生命力时，它才是真正地以一种引人入胜的方式活着。人类的其他特征都不重要，不管其如何美丽，必须赋予其生命力。一个出色的叙事策略，同样需要赋予故事以生命，否则，故事也许无法引起读者的共鸣。

“视角”指的是什么？

在《相助》中，凯瑟琳·斯多克特通过三个第一人称的叙述者讲述了这个故事，每个人都可以被称为故事的主人公。这就是作者在叙事策略方面做出的选择，这个故事也因为这一选择而大获成功。

框架技巧指的是什么?

就是一个人物到另一个人物那里去寻找故事，表面上看是另外一个人物在为我们讲述故事，《少年派的奇幻漂流》（*Life of Pi*）就是以这种方式写作的。它向我们展现了一个作家去采访一个从海难中幸存下来的现代人，我们在受访者讲述的一系列画面中，看到了恐怖海难。电影《夜访吸血鬼》（*Interview with the Vampire*）也是以这种方式写作的，克里斯琴·斯莱特是寻找故事的记者。最近的电影《安娜·卡列尼娜》（*Anna Karenina*）通过离奇的舞台剧形式讲述，视角在超现实和现实之间无缝转换。

讲故事的方式与故事的内容同样重要。而我们通过这一选择，能够使故事更有创造性的原因，就在于故事力学。

故事力学就好像一个人的个性特征和内在性格。在你做出改变之前，在采取自己的行为或者是得到意图的结果之前，你必须要有所作为。你可以致力于你的个性，寻找它，并实践它，但最终这些都不重要，直到你将它公之于众。

然而，当你所做正确时，能否成功仍然有待争取；能否取得不平凡的成就，仍然难以确定。我们开始写故事时都希望获得成功，但是要获得不平凡的成就，我们必须做出一些不平凡的、超出常规的事情。我们努力让我们的故事融为一体，使得整体的价值大于部分的价值之和，这就是叙事策略——锁定、提升，在其中加入一些神秘的、独特的东西。

即使当故事力学已在停机坪上准备就绪，等待起飞时，故事仍然可能出现很多问题。世界上最好的飞机、最强大的引擎、最新的电子器件和最舒适的内部装饰，只是一堆零部件，只有飞行的潜力，直到一个能干的飞行员到来。

这就是写作中的“未知因素”。很难定义，这在很大程度上是经验的产物。有点关乎写作风格，有点关乎智慧，有点关乎情感，又有点关乎结构框架，还有点难以确定。这就是故事感，是技巧，是我们的个人特色，是我们一路所做出的选择之和。

不是所有的故事都是高立意的

不是所有的故事都能带来丰富的替代性体验。不是所有的经历都是你想要的。事实上，有些伟大的故事作品所提供的经历，是你永远也不想拥有的。但当一个故事真的成功时，你会对它爱不释手。在这样的故事中，引人入胜的力量在纸面上与文字融为一体，成为特定要素的综合体，超过了每一个单独的部分。如果其中一个要素表现平平，那么出色的执行通常能够行之有效地弥补这一点，提升故事作品的水平。

这恰恰是约翰·欧文和乔纳森·法兰森获得声誉的方式。

不是因为他们故事中的立意或戏剧张力，而是综合了其他因素，用出色的技巧、细微的差别和敏感性执行的结果。如果你想要写出类似他们的故事，节奏相对缓慢、张力相对薄弱，那么你必须拥有他们在技巧等方面的出色能力。当然，拥有这些出色的能力是一项艰巨的任务。

与此同时，如果我们在那些方面没有那么优秀的话，则有一大堆故事力学等着帮助我们。

就像你吃过的一盘最美味的意大利面。那只是普通的一盘面，没有什么特别或新颖之处，但它就是对你的胃口。这并非偶然。它之所以如此成功，原因就在于烹饪意大利面的力学。有时，做这盘面的大厨是知道的。

但有时，最好的意大利面是用纸盘端上来的。

当你在寻找你的故事时，重点关注这些故事力量——故事力学

不要在没有试着将想法最优化之前，就贸然动笔。故事力学很容易被看做理所当然、理应如此。当你把人物与即将到来的戏剧冲突联系在一起时，你能够看到故事力学在发挥作用。故事力学是程度、强度和强制性的问题，是你可以掌控的层次。

不要将就。

要通过努力让你的读者为你叹服。

5 写作语境

> 我们的故事遵循很多大师，或者谁也不遵循。

请允许我将底线告诉你：对于故事创作而言，最好的、最有力的语境，来自于对故事力学基本要素的理解，也就是前面我所介绍的。故事力学影响了你在故事中做出的每一个选择。它们就是托起你文学之翼的风。如果想要让你的故事飞翔，你就需要它们为你吹拂。

但是，故事创作存在着其他语境，有些对你有益，有些则是危险的诱惑。有些人仅凭经验上对故事力学的掌握来进行写作，他们在曾经读过的故事里，看到过故事力学所发挥的作用，他们也听别人用不太精确的术语讨论过故事力学，有时甚至还没有意识到故事力学。如果你试图用这种方式来驾驭故事力学，就如同用自己作为客人参加晚宴的经验，去烹饪一顿美味佳肴。

写故事和婚姻有很多共通之处

首先，它们都与爱情有关，或者可以说，都应该与爱情有关。问题是，你的故事不会和你顶嘴（如果它能和你顶嘴，事情或许会变得简单）。故事也不会欺骗你，如果你欺骗故事，会自食其果，故事最终会背叛你。你将独自一人，在这段关系中耕耘收获。这段关系能否成功，即你写作的故事能否成功，完全在你自己的掌握之中。

请允许我再沿用一会儿这个比喻。

相处很难。一段关系持续的时间越久，相处就会越困难。因为时间会带来新的挑战，比如冷漠、懒惰、审美疲劳，等等。要成功地维护这段关系，我们必须学以致用，并在过程中不断去检验和调整。

或者不这样做——这也是背景，不管是好是坏。

通过自动巡航让一段关系获得幸福，这很有挑战。因为，自动驾驶仪在变数中不能起作用，也不能让你安然地穿过风暴、紧急降落或者按行程事先预订的进行中转维修。当你关注其他事情的时候，它只是在自动巡航。自动巡航的关系缺少激情、惊喜和基本的快乐感，它是定时炸弹，当故障信号灯亮的时候，自动巡航系统就会被引爆。

每个人都会为这段关系加上语境，不论是好是坏，在婚姻和写作中皆是如此。有时，背景就是你从父母那里学到的关于爱的事情（有风险，因为“最伟大的一代”在这一方面不是很伟大）。或者，也许你已经看过很多书，上过一些课程，做过一些咨询。也许你在学校学的专业是人类心理学。有时，你只是跟着感觉走，尽可能地与伴侣进行最好的沟通，达成双方都可以接受的处理方案和目标。

最后一点适用于婚姻，但不适用于作家，因为故事不会和你谈话，不会给你反馈，经纪人和编辑会给你反馈，可一旦到了那个时候，一切都为时已晚。

在一个基础关系中，你不会想说下面这些话：

> 天呐，这太难了，太让人困惑了，不要再跟我说，婚姻成功或失败的原因是什么，不要再将这个分解成最基本的层面，然后跟我说哪些工具可以用来应对这个挑战；不要再跟我说，如何能让我的婚姻经营得更出色，而我的周围遍布着分手的情侣，以及到了周末才能团聚的家庭，这些都是正常的。婚姻不应该如此困难。就让自己去掌控，自力更生，所有心理学的那些论断，都是

如此让人困惑。看一看隔壁的琼斯一家——他们从来不谈论他们的关系如何，但他们看起来非常开心。

也许你会说，很多人都这么做，但那是另一本书要讨论的问题了。

这就是有些作家在面对有关讲故事的深层次知识时的感觉。他们主张文学应该自动驾驶、自动巡航——那样就会容易很多，至少在问题出现之前——但是，你要知道，对于数易其稿、屡屡经历挫败和长期的学徒而言，这是解决问题的秘方。

我们都要选择要加入的故事语境

故事力学（见第 4 章）和故事工具（见第 22 章）之间的关系，推开了一扇通向文学殿堂的大门，道路曲折但前途光明。这意味着，除了我们的直觉与学习曲线之外，我们也可以获得力学，作为读者和作者都是如此。故事力学为我们提供了基准、标尺、期待和解决方案。但是，正如在一架无人驾驶的飞机里，你虽然坐在驾驶舱的副座上，但这些驾驶工具不会发挥作用，除非我们了解机器该如何操作。我们要知道机器本身与使它运转的力学之间的关系如何，要知道为什么会这样。飞机的设计者必须要了解这一点，而驾驶员则不需要。驾驶员只需要知道做什么以及何时去做。

同理，作为作者，我们既是故事的设计者，也是操作者。我们必须知道如何构建故事，如何驾驭故事。

“这个足够好了吗?”在写作中，如此提问就太简单了。为了自我提高，更好的问题应该是这样的：“我如何知道这个故事已经足够好了?”

如果我们能针对故事中任何一个给定的时刻，让这些问题更具体一些，就更有帮助了：

- 此刻的戏剧张力是什么？故事整体的戏剧张力是什么？

- 在任何给定的时刻，发挥作用的戏剧问题是什么？
- 节奏对吗？
- 在任何给定的时刻，读者的所思所想是什么？
- 我的读者会与主人公产生共鸣吗？会一路支持他或她吗？
- 我的故事能否给读者带来替代性体验？还是与读者有距离？
- 整个故事的核心概念，除了我以外，是否对其他人也同样具有吸引力？我可以跳出自我，解释其中的原因吗？

不同层次的语境

语境无处不在。作家需要决定，自己应用到作品中的语境是否足够有力？是自己发现的还是从可靠的来源中汲取的？是清晰明了的还是让人感到困惑的？是积极存在的还是作家完全没有意识到的（在一个作家的旅程中，能收到的最棒的礼物就是“意识到”，他并不知道自己在做什么）？你是基于作为读者时的幸福经历来决定创作故事的吗？还是在阅读了某一类型或某个作家的小说之后才决定写作的？你是否暗暗觉得自己可以做得更好？你在学校、写作坊和书本等各方面接受的正规训练，如何为你讲故事创造背景？你是否因为背景太难而拒绝过？因为它违背了你曾经支持的东西，你一直信赖的一些神秘的、解放心灵的过程，完全不受结构和商业期待的教条主义约束的过程？

你是这样的吗？

也许你的语境——你的写作技巧和知识基础——仅仅是从你作为一个贪婪的故事读者的经历中获得的。这很正常，读者的经历是可以给你带来一些对故事结构和细微差别的感觉。但是，也可能存在着局限性，就好像因为你看了很多法庭剧，就觉得自己可以做律师了。再换个比喻，你不可能仅仅坐在教练椅上就能学会驾驶飞机。故事中的内涵有很多，特别是故事结构，甚至是策略，超出大多数读者所能意识到的或者理解的范围（控制读者的情感，这个目标恰恰是故事力学可以帮你完成的）。很多读者就安静地坐在那里读书，享受阅读的过程，他们不会去了解作者做了什么以及作者是如何做的。

不管一个人在这些方面的语境基础从何而来，外部语境也能直接应用到你的故事中

就像在图书市场上，你写的是哪种类型的小说？市场上哪些书与你的写作类型相近或非常相似？如果你有自己的作者品牌，有自己的粉丝，可能是因为你之前的书或者你在网络上留下的文字，你的下一本书是否符合他们的口味？有没有什么政治和社会之类的因素，会影响你现在所做的事情？你是在努力靠近商业化，还是想做一个艺术家，而不在乎其他人的想法？两者都行得通，但是要清楚的是，两者截然不同，即使你拥有的故事语境很有力。

语境也能以结构化和任务驱动的方式，被应用到我们创作的故事中。实际上，语境是故事创作的重中之重，因为它决定了作者将故事最优化的能力水平。例如，一个大故事（我们称为“A 故事”）有四个部分以及关键的转折点。组成这些部分的场景，必须符合戏剧最优化的小背景。两者都是受任务驱动的，发挥作用的故事背景不同又相互补充。有些可能与次要情节相关（“B 故事”），而有些仅仅用来逐渐地揭示故事。

生活本身就是语境

在宇宙中，唯一在真空中存在的东西，此刻正悬浮在外太空中，即使是这些漂浮物也有它们的语境。背景就像氧气，看不见，摸不着，但至关重要，并被认为理所当然，至少在问题出现之前。背景就如同重力，如果忽略它或者处理不当，你可能会当众脑袋开花。

一位作家，他构思故事以及运用故事力学的方式，完全取决于语境。

你对使故事行之有效的要素的了解，即你对故事力学的了解，这一语境决定了你构思故事的结果，从而也决定了你故事的命运。

故事创作语境

在我的写作坊上，我经常会问学员一个热身问题：你的写作语境是什么？每当我这么问，眼前通常会出现一堆白眼。

他们并不是没有答案，也不是不明白这个问题，而是他们从来没从这个角度思考过故事创作。

以下是影响故事创作的一些语境问题的清单，非常有力。采用了提问题的形式，挑战作家们梳理自己要带入创作中的东西以及它们的来源。

● 你是否理解基本的戏剧理论原则？如果理解，你故事中的核心冲突的本质是什么？又是如何演变的？本质上是内部冲突还是外部冲突？内在张力又是什么？人物弧线是什么？主题是什么？结构格局是什么？如果你不确定这些问题的答案，可能你就不知道哪里出了问题，直到有人告诉你。请放心，会告诉你的。

● 你是否理解你所写的这类作品体裁的背景要求？它与其他体裁的区别在哪里？这种体裁会让读者、图书经纪人和出版商产生怎样的期待，又会如何限制你的创意选择？

● 你是否理解故事创作的六大核心技能？你是否同等对待每项技能，并考虑到每个技能的内在标准？（参阅第 22 章中的六大核心技能入门。）

● 你的故事的核心背景是什么？你是否通过时间和地点，充分发挥了背景设置的内在力量？叙事风格是什么？潜台词是什么？你的预设本身是否有吸引力？还是你仅仅依赖于你的执行，来使故事引人入胜？

● 你是否清晰地了解你所讲述的核心故事，而不是故事的主题、情景设置或人物背景？如果你不了解就会有麻烦，因为其他要素都没有戏剧张力，它们是故事演绎的舞台。但是从作家的角度来看，它们很少是一个有效的“故事”的核心。

对于“故事到底是什么”，很多作家无法给出一个清晰的定义，这让人非常震惊。作家们惊讶地发现，故事中至关重要的要素是冲突和人物，但是其中还涉及很多东西，比如，使故事行之有效的故事力学。

这些至关重要的问题的答案，都与故事力学有关——当你创作故事时，你要寻找的就是故事力学。故事力学为你的写作提供了最有力并能直接运用的语境。

新闻、散文、学术论文的作者们都认为“内容为王”，在这样一个世界中，作为作家，你必须要了解：在小说中，真正的卫冕者是语境。

6 寻找故事的方法和途径

> 我们将意识到，在写作之路上，条条大道通罗马。

在六大核心技能模式中，执行层面的技能只有两个：场景设置和写作风格。其他四个都是要素，是特定的本质和基准，每一个要素都受到故事力学的驱动（六大核心技能的定义及其相互关系，请参阅第22章）。

但是，当你把手放在键盘上敲打草稿时，不管你写的是第几稿，所有这一切都归结于一件事：场景——将故事力学融入四个要素中。

故事节拍

寻找故事就是界定故事节拍——特定的场景和时刻，呈现并融合情境、动力、事实、谎言、行动和上下文，告知人物或读者，或两者同时告知，不断推动故事向前发展。故事节拍提供了故事背景中可能的、最优化的效率。简言之，故事节拍将相关的故事力学最优化，从而使得这一时刻最优化。

现在你已经知道这一点了，让我们再深入看看，如何能够将其落实到纸面上。

一个情节的转折，一个让人惊讶的时刻，这些就是故事节拍。在故事叙述过程中，无论何时事情发生改变，无论何时出现新事物（即使这个新事物不能改变任何事情，即使只是一个刻意的障眼法），也算是一个故事节拍。三个主要的转折点（第一情节点、中间点、第二情节点，请参阅第 22 章）是主要的故事节拍，悬念、关键点、任何推动故事前进的事情，都属于故事节拍。可以说，小说或剧本中的每一幕场景，都是一个故事节拍。在实际创作中，这意味着，对于构思故事的作者而言，首先就是要找到主要的故事点，并以此作为整个叙述的框架，接着在不同转折点中间填入场景，在这些转折点之间，每一幕提供更少的故事节拍（我习惯称它们为“结缔组织”）。

不论场景大小，每一幕都需要将故事往前推进，每一幕场景都是呈现故事节拍的载体。

如果你的主人公在第一次约会中就擦出了爱情的火花，这是一个故事节拍；但是，如果在回家的路上（下一幕场景中），男主人公给前女友打电话，坦承自己想要与前女友复合，这又是一个故事节拍。两个时刻都将故事向前推进，实际上都在为后面的故事布局，即使这个故事是稍后才发生的。一旦发生，这将是又一个故事节拍。

如果没有故事节拍，任何一幕场景都是有风险的。如果你认同每一幕场景都应该以你为它确定的任务作为上下文的依据（参见第 18 章），应该在整体上推动故事叙述，那么，你也要认识到，没有任务的场景，就像是在你的故事上按下了“暂停”按钮。这当然不是一件好事。

但是，这并不意味着，每一个故事节拍都必须是一场终极对决或是改变游戏规则的顿悟。有些场景是值得的，因为它诠释了主人公对某些事情的反应，又或许是主人公反思的时刻，甚至可能是倒叙。例如，在一个爱情故事中，“他们四目相对”的一刻可能有很多种表现形式，我们就是在刻画人物的同时，让每个时刻引人入胜、难以忘怀。

这是故事结构的优点：它不会告诉你如何去创造性地、策略性地做任何事，只会告诉你需要发挥作用的语境是什么，而这取决于你在故事中的位置。结构提供了一个相框、一个可以挂照片的地方，但它不会告诉你应该挂什么样的照片，只会给你营造一些环境的感觉。比如，你不会将大学毕业照挂在卫生间。这是一个作者需要具备的学习曲线和内在的敏感，这也是为什么有些故事遵守的是同样的结构原则，但仍然会比其他故事更出色。作者的设计选择决定了故事的命运。

当你尊重了故事结构所确定的语境，并且在过程中做出了好的选择，选定的这一时刻就被最优化了。而对于那个特定的时刻而言，这就是一个积极有力的、富有创造性的选择。

使场景最优化的最佳方式是准确理解这个场景需要完成的事情，以便揭示故事。换句话说，你必须发现场景的任务。通常，它只是一个解释说明的信息、一项任务、一次转折、一个层面、一件事情、一个伏笔，等等，是需要通过人物刻画，来传达给读者的一点点叙述的内容。

导演昆汀·塔伦蒂诺是场景最优化方面的大师，他通过选择特定的说明要素，最大限度地发挥故事力学的作用。在《无耻混蛋》（*Inglorious Basterds*）的开篇场景中，几乎是在他开始写作之前，塔伦蒂诺就知道这幕场景的任务是什么：描写一个坏蛋在残忍地杀害女孩的全家之后，却让女孩逃脱了。此外，和其他场景一样，为人物刻画服务。这个开场的悬念对于整个故事的叙述布局至关重要，因为后来这个女孩回来了，成了电影中主要的催化剂。这幕场景中应用了如此丰富的故事力学，以至于观众情不自禁地憎恨起这个坏蛋，同情起这个女孩，同时完完全全地感受到这种身临其境的恐惧。

在电影中，一幕场景可以持续一分钟、五分钟，或者更久。但在小说中，一幕场景可能只有一段话那么简短（这样一幕简短的场景可能是一个章节中的几个场景之一），也有可能会延续好几页。篇幅长并不意味着各种驱动任务都融入其中——在理想情况下，每幕场景应该只包含一个展示的任务，加上不同层次的人物刻画。如果这幕场景平平淡淡，只有景色、旁白和人物层次，它就影响了故事节奏，自然就没有实现最优化。如果处理得当，在不影响故事整体的前提下，这样的场景可以有几个。当作者知道，一幕场景必须要完成的事情——即它的叙事使命——已经准备就绪，那就应该去创造引人入胜的、让人难以忘怀的事情，能够将故事向前推进，或至少能进一步奠定故事发展的基础。

塔伦蒂诺的开场持续了 9 分钟，展现了邪恶的纳粹军官——克里斯托弗·瓦尔兹饰演，获奥斯卡最佳男配角——带领他的暴徒来到一家农场，他表面上温文尔雅，但掩盖不了他致命的计划，实施这一计划能给他带来虐待狂似的欢乐。他和农场主坐下来，喝了一杯牛奶，这是一个刻意的、令人毛骨悚然的创意选择。纳粹军官与农场主之间的对话充满了潜台词，镜头切换到正躲在地板下面的战战兢兢的一家人。这种紧张感就像一个燃烧的引信一样持续了 9 分钟，极其熬人。最终，当牛奶喝完的时候，躲在地板下的那家人被冷血的纳粹士兵用机枪扫射，所有的痛苦都在此刻得以释放，在片刻的荷尔蒙的影响下，军官犹豫了一下，农场主的女儿逃脱了，他后来为此懊悔不已。

戏剧张力和人物共鸣的力学是选择的产物，这一点没有比在场景中体现得更为真切的了。尽管受到结构原则的理性推动，但它同时也受到敏感性的驱动，而敏感性这种要素很难被教授，更难获得。在故事开场中，农场主和他的女儿们令人同情，这是纯粹的共鸣与替代性体验在发挥作用。作家的目标是让读者身临其境地投入到那个时空当中。

你写的每幕场景都要有目标语境

这项写作原则永远不会背叛你，我在第 1 章中已经介绍过，此处值得重申：

讲故事的目的、一切的意义，不仅在于写关于什么样的事情。讲故事的终极目的是写关于正在发生的事情。

这一指导原则实际上是金科玉律，它能够而且应该被有技巧地、有变化地运用，永远不会错，永远都相关。在故事的第一部分（参阅第 22 章），你可能会写一两个简短的场景，里面没有任何事情发生，只有一些回填的叙述和观察说明，如果后继的故事充满戏剧张力和节奏，你或许还可以有一两个违背这一指导原则的简短的场景。

但是，仅此而已。

如果你的故事中随处充斥着这样平淡无奇的场景，读者看不到故事在向前发展，那么，你的故事就有危险了。

作家本是好意，但何以如此？

有时，你对一个主题或者一个历史事件的热情，会超过你对故事说明的感觉。你可能很容易注入太多新闻，而没有意识到你将故事叙述暂停了，也许不止一处，在多个地方都会如此。

如果你开始时就想写关于某个主题——爱情、历史、正义、偏见、宗教、权力滥用、生命权、同性恋权利或者任何其他问题——那么，你不应跳过这条金科玉律，甚至应该将它制成六英尺大的宽幅海报，贴到你书房的墙上。这个原则对于这个写作类型而言，是个更大、更有效的降落伞。

如果你的故事力学服从于你对某个特定的主题、地点或历史时刻的迷恋，如果你的故事更多的是关于这些，而不是关于一个人物要解决的问题、要实现的目标——换句话说，如果你的故事不是关于正在发生的事情，没有敌对势力，没有利害关系——那么，你就会遇到麻烦。

当你既可以写正在发生的事情，但同时仍能使得你的故事关于某些事情——将你的故事放置到你心中的时间、地点或主题的培养皿中——到了那时，也只有在那时，你才能将你的故事提升到有人可称之为“艺术”的层次，希望这个人是评论家。但你要知道，这更多的是需要技巧，而不是其他东西，因为它的起源是原则驱动的故事讲述，而不是艺术女神缪斯所启示的故事讲述。

在你的故事的每一幕场景中，要问问自己：此时此刻正在发生什么事？它与此前的事情有何关联？与接下来要发生的事情以及此后的事情有何关联？如何布局？

在一个强有力的主题背景之下，你应该在开始的每幕场景中，都以此为目标。努力演进故事，让故事自己去探索主题，而不要通过分析、叙述或者在叙事中插入散文来阐释主题。阿兰・索金可以这么做，但是对于其他人，对于那些试图挤入阿兰・索金这一梯队的人而言，请远离这个诱惑。你必须通过你的人物的选择、行为和感受的结果，来阐释你的主题。

所以，不要问“这个故事讲述了什么?”，或者被问及此问题时，也不要这样回答，而是问“这个故事里发生了什么事情?”。一旦你有了答案，就可以运用故事力学，去创作成功的故事。

当你了解写一个关于什么事情的故事和正在发生的事情之间的区别，你就已经跨越了一道门槛，你的故事将充满力量，这也许对你的写作生涯有重要的推动作用，至少可以将你带入写作这个游戏当中，因为编辑收件箱中的大多数稿件，已经在这些原则后面排队了。

很多新手作家容易陷入的大而深的陷阱

作为故事创作的指导老师，我在工作中最常见的错误是，作家们的故事创作以某些事情作为写作依据，不管是故事格局原则、故事策划、瞄准的目标，还是成为故事核心和灵魂的要素。这个错误更像一个功能失调的信仰体系导致一个无效的过程——“某些事情”应该是被发现的故事，即使故事节拍还不是非常清晰。

这个陷阱可以避免，我们所有人都可以选择。

我不是说必须构思。构思故事不是强行的命令，我只是建议，一旦你开始了解潜在的力学，这样做也许是不可避免的，至少从某种程度上而言如此。即使是最坚定的凭直觉写作者，在访谈中声称不知道自己的作品应去往何处的作者，他们也会默默地、不知不觉地，在他们的头脑里进行某种形式的故事构思。因为如果他们不这样做，至少在他们提交的终稿中不这么做的话，他们的故事同样不会取得成功。

第二部分 故事力学最优化

7 想法与立意

我们承认两者有区别，
而且区别很大。

每当春天来临，职业棒球运动员都会来到亚利桑那州和佛罗里达州集合，进行春训。每一天，他们都在苦练基本功：健身、击球、模拟比赛。在集训的每一天，他们都在进步。

本章的内容就如同这种感觉。此前我们已经讨论过这个话题，但现在我们要把这个话题进一步深入，达到一种职业水平的理解程度，这是一个潜在的、不能通融的条件。

最近，我和一位很出色的作家朋友共进午餐。朋友把她可爱的姐姐带了过来，我把我可爱的妻子也带了过去，一切都太美妙了。大家一起享用煎蛋卷和不含麦麸的面包片，我们的心情非常愉快，彼此同情一丝不苟去创作严肃故事的那种经历。

正如大多数作家一样，我对“如果……将会怎样?”的雷达总是打开的，当我们的谈话内容转向本地最火的一家酒吧的女洗手间时，我突然像被电了一下，在那家酒吧，所有的女人看起来都像《单身汉》片头中的一样，所有的男人看起来都留着短发，英俊潇洒，身着高尔夫衬衫，现实中看电视的家庭主妇因为某种原因总是追逐他们。这虽是她们的故事，但却引起了我的共鸣，这是一个潜在的想法。

乍一看，有了这个想法，故事似乎胜券在握了。我一度想回到家中把这个想法写出来，因为我相信，如果我处理得当，在恰当的地方，用恰当的笔触，以恰当的戏剧力量，我可以将任何一个想法变成成功的故事。

请听好：你不可能将任何一个想法都变成成功的故事，正如你不可能将任何一个孩子都培养成职业运动员，不可能让任何一首曲子都登上音乐排行榜的榜首，或者让任何一个诚实的乔伊变成美利坚合众国的总统一样。如果一个想法不具备成功的基因，它就需要变异，成为一个具有成功基因的想法。

好消息是，想法中的基因是由我们培养的，方法就是把想法变成一个具有巨大内在潜力的立意。

午餐时，这些女士们谈论了一个女人。在过去十年间，这个女人一直在当地一家知名俱乐部做女洗手间里的服务员。所有在洗手间里洗着芊芊玉手或在那里补过妆的女人都喜欢她。我的脑海中立即闪现出一幅场景：维奥拉·戴维斯①戴着奥利弗②的药盒帽③，微笑着分发手纸，并明智地建议，给几美元小费。

噢，她一定在洗手间里耳闻目睹了很多故事，甚至还有人建议，应该写一本书，一本关于奇闻逸事和经验教训的书，一本片段式的书，没有统一的情节贯穿，整本书需要我全凭自己空想出来。你看，被这个类型故事能成为一部小说的信念所诱惑，是多么容易的一

① 维奥拉·戴维斯（Viola Davis），美国演员。代表作有《海德力国王二世》、《战略高手》、《毒品网络》、《飞向太空 2002》、《十一罗汉》、《帮助》等，2012 年主演了改编自凯瑟琳·斯多克特的同名小说《相助》，凭借片中的出色表演荣获演员工会奖、美国广播影评人协会评论家选择奖、最佳女主角等多项影评人奖，并被提名奥斯卡最佳女主角。

② 奥利弗（Olive Oyl），美国经典连环漫画《大力水手》中的人物。

③ 药盒帽（pillbox hat），是在 20 世纪 60 年代非常流行的一种帽子，帽顶平坦，周边光滑没有帽檐，在 60 年代是许多时髦女性的必备品，受到很多人的欢迎。

件事。

我没有气馁，继续朝这个方向前进。

我想到一个“如果……将会怎样?”的问题：如果这个女人在洗手间里听到一些不该听到的事情，将会怎样？如果她无意中听到酒吧里的某个人窃窃私语，那个人本不该在那里，做了不该做的事情，将会怎样？如果那天晚上稍晚些时候，酒吧里发生了一些糟糕的事情，点燃了导火索，导致所有知情者都要被灭口，将会怎样？

突然之间，维奥拉·戴维斯（我发现自己总是喜欢用明星演员来饰演小说里的角色，甚至在灵感突发的那一刻就开始了）变成了逃命的女主人公，同时帮助笨拙的侦探寻找坏人，直到他们在垃圾箱里发现了她。

我把这个想法说了出来，耳边立刻听到了响亮的声音，大多数作家滔滔不绝地讲完一个即兴的想法时，都会听到这种声音，特别是当讲述的对象不是作家时（尽管当时三个人中，有一个是一流的作家）：哦，天哪，你应该把它写出来！真的！太棒了！

提醒你一下，当时我们是在用午餐，没有喝酒，都很清醒。

注意，尽管最初的想法使得她们都为之一振，最终却是升华的立意使得她们从椅子上跳了起来。

我们进行了一会儿头脑风暴——头脑风暴这个练习总是很有意思——我们详聊了从第一幕到第一情节点的方案，这时，饭菜端上来了，我们的注意力被转移到别处：为什么有些作家喝酒，而有些作家却疯了（悲伤的是，有时这似乎是仅有的两个选择）。

但是，请注意此处发生的事情：我最初的想法很快让位于一个概念上的故事想法。我不能保证，女士们会像迷恋最初的想法那样迷恋后者，而前者根本还不是一个故事，只是一个想法，仅仅是通往某条道路的一扇门，能够延伸到其他更远的地方。

在我们将这个想法作为故事计划认真考虑之前，我们必须将它转变成一个立意。亲爱的读者朋友，每当有一个想法跳入你的脑海时，在你根据这个想法动笔之前，你要做的恰恰就是这个：认识到这个充满悖论的时刻，就是你写作之旅的关键。

最常见的错误就是：手稿是基于想法写成的，而不是基于立意。

回家路上，妻子问我："那么，你要写这个故事吗？"

我毫不犹豫地回答"不"，非常坚定，绝不后悔。原因就在于故事力学，对我来说，这个想法里没有故事力学。

想法就是想法，别无其他

想法是香味，但不是美食；是承诺，但不是兑现；是种子，但不是花园。

当想法将我们指向更实质的东西，而不仅仅是满足感时，当想法将作为作家的你指向一个地方，超越了即时的满足感，允许你从深度和广度上挖掘时，想法就有了价值。

想法应该把你吓得屁滚尿流，至少应该让你激动不已，甚至痴迷。当你将一个引人入胜的"如果……将会怎样？"的假设与一个更深层次的、经过时间检验的热情相连……那么，你就有头绪了。

这才是你应该写的故事。

那个关于女洗手间服务生的最初想法，的确带来了一个关于无辜女人无意中听到一些黑暗事情的想法，但对我而言，这个想法仍然缺乏某些磁性的、足够引人入胜的要素，不足以继续扩展它。我并不是真的热衷于俱乐部里的女洗手间，对于作为这个故事背景的社会动态也没有兴趣，而这个社会动态正是这个故事最初的能量来源。我从来没有进入过一个满是正在整理妆容的熟女的洗手间——是的，我承认，这听起来是有点意思——但是，我凭什么要写这个故事呢？

如果你碰巧喜欢这个想法，拿去吧，都是你的。

如果我一直对女洗手间心存想法……这个故事也许可以成形。但是，我没有，也许有这种癖好的人，可以将这个想法写成成功的故事。

伟大的故事需要我们伟大的激情。

你讲述的每个故事并非都要亲身经历。我的意思是，你应该对这种经历抱有一种持久的、势不可当的渴望。如果在一顿午餐交流之后，你就决定开始一本书的写作，这就好像是在超市结账处排队时谈了一次话，两个人就结了婚一样，不靠谱。

当然，这种事情的确可能发生，但结果都不会太好，即使是在最浪漫的小说作品中，亦是如此。

在故事中获得替代性体验的渴望，需要与我们将对故事展开的图景的激情相匹配。这样，故事才能行之有效。比如，尼尔森·德米勒在《夜幕降临》（*Night Fall*）中，将他的偶像、前军事英雄带回，调查一起假想的飞机爆炸真相被掩盖的事件（该故事基于一个真实事件，1996 年 7 月 17 日，美国环球航空公司 TWA800 航班在长岛海岸上空爆炸，230 人遇难，由此引发了真相被掩盖的阴谋论）。这么做只有一个原因：德米勒对此事有激情。也许，他为他所认为的真相感到愤怒。

你的船由何承载？如果人生可以重来，你想如何过一种不一样的生活？你会做些什么？成为什么样的人？去往何处？拥抱什么？在认真采纳任何一个“如果……将会怎样？”的想法之前，作家都应该问问自己这些问题。从激情中孵化一个想法，然后将其发展成为一个立意，确保你可以策划它、探索它。

一天早晨，我在读一本关于 J. J. 艾布拉姆斯①制作的新电视剧《恶魔岛》（*Alcatraz*）的书，这本书帮助我明确了一个想法。在《恶魔岛》中，50 年前从一个小岛上消失的罪犯出现在今天的旧金山，开始了疯狂的杀戮。他们穿越了时空。他们或许是鬼魂，但是，留在他们背后的尸体却是真实的。因此，必须找到他们、阻止他们。

我对这个故事很感兴趣，既有“如果……将会怎样?”的层面，又有时间检验的激情层面。我从心底希望，是我想到了这个想法。时空穿梭是我能想到的最迷人的预设之一……然而，我还从来没有写过一个关于时光穿梭的故事。

我觉得自己应该试一试。因为我对这类故事的激情还在，在这个领域中，各种各样的主题和戏剧可能性等待着探索，我所需要的就是一个绝妙的“如果……将会怎样?”的假设——让我夜不能寐的假设。（旁注：尽管这个想法很有力，尽管制作人技巧绝妙，但是《恶魔岛》仍然被打败了，播出一季之后就停播了。正如威廉·高德曼所说：“没有人无所不知。”尽管如此，我们仍然应该追求让我们感兴趣并为之痴迷的东西，并且将这一转瞬即逝的幻想留在书架上。）

我出版的所有作品，都在某种程度上基于我所痴迷的、有激情的事情，基于我所了解的事情。

不要太快跳入“如果……将会怎样?”的假设。

它们就像菜单上的菜，图片很诱人，而且你知道味道会很好。但是，它有营养吗？能不能填饱你的肚子，能不能实现你的一些人生目标，能不能给你带来焦点、快乐和挑战？这个想法值得你付出生命中一年的时间吗？你希望因为这个故事被人们记住吗？

在你问“如果……将会怎样?”的问题之前，你需要先问问自己

---

① J. J. 艾布拉姆斯（J. J. Abrams），全名 Jeffrey Jacob Abrams，美国电影电视制作人、剧本作家、导演、演员以及原声作曲家。

这些问题，这些问题与最初的想法相关。

从激情和痴迷，以及内在的、经过时间检验的好奇心开始写作，从问题与概念的碰撞开始写作，将故事置于能激发戏剧性以及你设定的任何人物的背景中。

写你应该写的故事。

如果一个故事值得去写，你应该会感觉到这个故事力学在拖着你往前走，甚至在你一个字还没有写之前。

8 立意的反面

我们将了解到，立意有两个方面，要两者兼顾。

立意是成功的故事创作的六大核心技能之一。立意有两个方面，这两个方面都要考虑到。一个方面关注的是“故事是什么?”，另一个方面关注的是“如何讲故事?”。一个是创造性领域，故事架构开始形成；另一个是作者的叙事策略，作者讲述故事的立意角度。

两者都是不成则败的命题。

立意的创造性领域

最明显的立意指的是一个内在的提议，吸引叙事层面的故事。它表示，如果你创作了一系列人物，策划了一个引人入胜的场景，将人物植入进去，把两者糅合在一起，文学狂欢将随之产生。

没有糅合好，就会有所缺失。可能都是情节，人物太单薄或者太原型化；或者是滑稽的书呆子气；抑或所有人物都可能很单调。

一个绝妙的立意会给读者带来兴奋、恐惧、戏剧性、紧张、欢笑、疑惑、刺激、感情、人生经验和教训，能将优秀的小说变成伟大的作品。仅靠人物做不到这些，但是人物却是通向这些目的地的窗口，是替代性体验的载体。本质上，是立意给了伟大的人物以展示自己的舞台，而这也是主题诞生的种子。

注意，六大核心技能与驱使它们的力学相互关联。

当我们想到立意时，我们通常会本能地用一个“如果……将会怎样?”的假设（如果你没有类似的假设，那你就应该这么做，因为立意的目标就是提出一个戏剧性的问题）。立意将我们指向悬念、重大问题，指向小说中引人入胜的巧妙构思，而这是戏剧张力、主题、人物弧线以及读者情感参与的前提。

但是这个创造性的观点不足以完全抓住立意的潜力。

在创造性之外，还有一个执行层面——也可以说还有一个机会——根据定义，本质和执行上都属于立意层面。如果你没有尽可能做出最好的选择来将其最优化，那么它将独自离开，并因此限制你的故事。

从叙述的视角将立意最优化，即从你如何讲述故事的角度出发，这是尽可能展现最有力的故事力学的途径。

立意的技术视角

立意的技术视角指的是如何用最佳的方式讲故事，也可以说是叙事意义上的策略角度。以第一人称现在时讲述的故事和以第三人称全知视角过去时讲述的故事，两者之间的区别就在于叙事策略的不同。叙事策略是故事力学的一个重要领域，其本身就是一个立意方面的决策。

比如，当你选择用第一人称写作时，你就采用了一种叙事策略，这属于立意决策。

立意的技术方面由作者对语态、时态、时间顺序、叙述旁白以及在简单的线性之外的小技巧和结构方面做出的选择而构成的。

通常，简单的线性结构是理想的，但也不总是如此。如果不理想的话，你就需要一个叙事策略，通过立意使得故事作品精益求精。

《相助》（参阅第 23 章）由第一人称讲述，有时用现在时，有时用过去时，有时两者兼而有之，很是复杂微妙。选择这种叙事策略时要小心谨慎。但是，作出这一决定的立意方面甚至更加错综复杂：作者决定故事的叙述者不是一个人，而是三个人。

这是在故事发展过程初期做出的选择和决策，是一个立意。这个决策是作者寻找故事的产物，它决定了对这个故事的叙述而言最好的语态。斯多克特可以做出不一样的选择，但是她没有向显而易见的第三人称单数的全知视角的叙述妥协，因为她有更好的选择，一点都不明显的选择，特别是当三个主人公都在叙述时。

结果，她成功了。

例如，爱丽丝·希柏德可以把《可爱的骨头》（*The Lovely Bones*）写成侦探故事，用同样的戏剧主线、同样的悬念（年轻女子被谋杀）、同样的立意支撑（死去的女孩在天堂向我们讲述），以及同样的人物和戏剧。如果她这么做，这将是决定整个故事未来发展和结果的立意选择。但她没有那样做，她选择了与这种推理小说不太匹配的第一人称视角叙述。结果，作品出版后销售了 1 000 万册。由此得出结论，她选得很好。

读者和观众将这些策略性的技术选择视为理所当然。但是，如果作为作家的我们瞪着空白的页面时也这么认为，那结果可能是致命的。

它也可能成就你的事业。

这也是为何技术层面的立意如此重要的原因。技术层面的立意和策略通过它们最终的效率变得有创造性。

还记得《低俗小说》（*Fulp Fiction*）吗？它如何在时间中跳跃？没有平铺直叙。这就是一个立意，是作者在技术层面做出的决策和选择。

再比如《廊桥遗梦》（*Bridge of Madison County*），这个故事有着完全技术层面的立意选择，它通过两个时间维度展开，由叙述进行连接，使得故事力学在节奏、张力和情感上最优化。故事采用女儿的叙述视角，使得这一故事从众多怀旧爱情故事中脱颖而出。

尽管结构由原则所指导，但它在很大程度上属于立意层面的决策，因为何时、何地、发生何事决定了你的故事。这个顺序属于故事力学的范畴，因为它决定了在任何给定的时刻张力和共鸣的程度。原则为我们提供了一个目标语境，但具体内容依我们的选择而定。

你看过电影《和莎莫的 500 天》（*500 Days of Summer*）吗？你注意到剧本获得了奥斯卡提名吗？作品中的每一幕场景都带有一个画面，画面以 500 天中的一天作为小标题，以看似随意的顺序呈现。比如，故事并不是从第 1 天或第 365 天开始的，而是从很早之前，从第 21 天开始。但是从作者的角度看，这个顺序一点儿也不随意。这个故事恰恰是根据故事结构的语境驱动原则（力学驱动），以适当的、最优化的顺序，向我们展示了需要展示的东西，将背景故事、虚假的高潮、放弃的希望和重燃的激情编织在一起，成为一个线性的、巧妙的爱情故事，既讲述了结局本身，又讲述了如何成为这个结局。

这也是一个立意，一个复杂的立意，不管作者做出的是技术性的还是策略性的选择，故事仍然需要以主题和戏剧性的线性方式展开。

在我 2004 年出版的小说《诱购》（*Bait and Switch*）中，我将第一人称视角的叙述与第三人称视角的叙述章节组合起来，展示了主人公意识背后发生的事情（这再一次让众多老派的写作指导老师紧张不安）。根据《出版人周刊》（*Publishers Weekly*）的评论，很明显这个故事成功了，因为在一篇重点书评之后，他们将该书称为“2004年最佳图书”之一。

这算是一个冒险的选择吗？不算是。我第一次看到这种技巧并为之赞叹是在尼尔森·德米勒的《狮子的游戏》（*The Lion's Games*，2002）中，这个故事让我怦然心动。从这个故事里我看到这个技巧被顺利完成，并且是出色地完成。由此，为我开启了一个全新的世界，关于立意有各种可能。面对这样的选择，一代又一代老派的英语写作指导老师在他们的坟墓里翻滚，随便吧；对于作家而言，这真是令人兴奋的、崭新的一天。

在明智的作家看来，创造性和技术性的两个立意方面一直都存在。一旦作者早点抓住它们，甚至在第一稿之前就抓住它们，故事创作就会变得非常有力，经得起你对它的期待。如果你在打草稿的过程中掌握了它们，结果同样有效，因为一旦确定了这两个方面，故事的策略愿景也会确定。

你可以在没有愿景的情况下开始一个成功的故事，但是，如果没有故事愿景，你无法完成一个成功的故事。

因此，“我的主人公在这个情况下会做什么？”“什么能让这一场景中的戏剧张力直线上升？”（这是一长串立意问题中的一部分……），在问这些问题的同时，我们还应该问问自己，最适合这个故事以及我们所期望的技术选择是什么——视角、时间顺序、对话风格，甚至是落到纸面上的样子？

这是风险、创造性和勇气碰撞的地方，会爆发出令人兴奋的潜力。

这是最优化的本质。

意识是一个很美的东西。

故事如同孩子一样

孩子们喜欢探索危险的旅程、被荒废的旅程，喜欢探索糟糕的选择——我向你保证，在这些探索中，有些能够为孩子们带来有价值的经验教训。我们的工作就是做好牧羊人，把我们的场景带到戏剧最优化和戏剧相关性的肥美之地。

做到了这一点，你就知道，立意的两方面决策都在发挥作用。由此一来，你对两者提供的选择也就能全权掌握了。

9 作为叙述基准的故事力学

> 我们将意识到，鸡肉沙拉和鸡粪是同一种动物的不同产物。

寻找故事是一回事，寻找最好的故事又是另外一回事。了解其中的区别就形成了写作的职业。

问一问任何一个写小说的人，他在创作中需要思考多少事情，了解多少方面，执行多少东西，你也许会得到几十个甚至几百个不同的答案。实际上，确实如此。尝试过这个问题的人很少会试图将答案过于简单化。

请不要试图简单化，让我们来组织一下。我们把自己需要知道的东西放入两个大盒子中，一个盒子里装满了炸药，另一个则装满工具。

炸药——讲故事的力量

正如任何引擎的设计者和建造者一样（我们的故事不外乎也是戏剧引擎），我们需要了解我们的故事的动力和燃料是什么。

故事力学包含六个领域：

1. 引人入胜的预设。

2. 戏剧张力。

3. 节奏。

4. 主人公共鸣。

5. 替代性体验。

6. 叙事策略。

这些领域将使你的故事跃然纸上，爆发出巨大能量，或带来难以抗拒的诱惑，或让你在大声尖叫前窃窃私语。

或者没有。上述要素的欠缺或处理不当，就像将汽油浇到一本火柴做成的书上，没有火花，没有火焰。

执行很重要，立意赋予故事以力量。但是，上述要素才是读者会注意到的东西。

用这些要素为你的故事节拍助力，让它们“嘶嘶”燃烧，你的故事将会变得更好。它们会自己呈现出来，但是，如果我们能注意到并且掌握好手里的燃料，一切将会更美好。

现在，让我们来看一下发挥故事力学的工具，可以将它们视为能量工具，它们是故事力学进入故事的途径和通道。每一项工具都与它所使用的故事力学的本质相连。

工具箱： 成功的故事创作的六大核心技能

1. 立意：引人入胜的预设的戏剧核心。

2. 人物：塑造人物时注意读者与人物的共鸣，注意人物的“扎根能力”。

3. 主题：语境和潜台词工具，依靠故事力学的六个要素。

4. 结构：构建戏剧张力、节奏和人物弧线的工具，共鸣由此而生。

5. 场景设置：将每一个故事节拍以力学最优化的形式组合起来的工具；力学通过场景设置落实到纸面上。

6. 写作风格：使得故事的呈现与众不同的工具。

一旦你有了一个想法，需要立即注意上述六个要素。因为你要将每一方面的基础都打好，你的故事才会取得成功。见图 1。

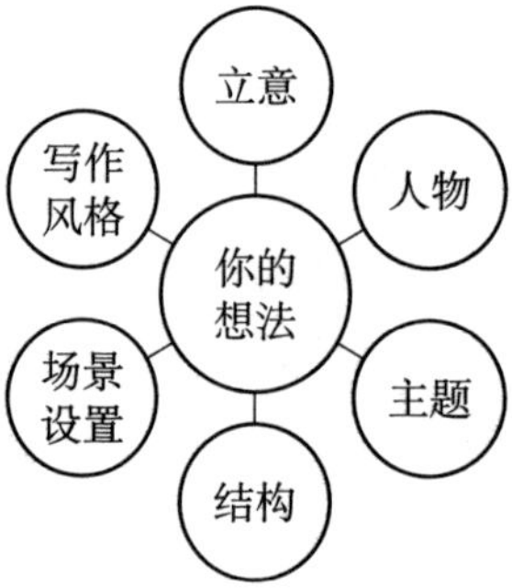

图 1

布莱恩·威金斯绘，wigginscreative. com。

要想写出一个好故事，你仍然需要了解几十件甚至几百件事情。但是现在，你要了解的东西被分别装在 12 个桶里：故事力学的六个领域以及作为运用工具的六大核心技能。乍一看，这两者似乎有些重合，对于匆匆一瞥的观察者来说，它们也许听起来是一回事；但是对于一个专业人士而言，它们就像肌肉力量和杠铃一样，截然不同。

尽管如此，每一个要素也只是程度和细微差别的问题。作为作家，我们头戴各种头衔：设计师、梦想家、工程师、规划师、组装工、质量监督员、铆工、测试员、品酒员、酒席承办者、送货员，以及推销员、广告员、簿记员。这些都是我们必须以专业水平掌握的众多核心技能，无一例外。实际上，将体力劳动者与艺术家区别开来的，正是这种对细微差别的掌握，以及对如何最佳地运用这些力学的感觉。

这就是你有可能创作出最优秀作品的方式。不是用数字，不是根据某个人的模式或系列步骤，而是遵循支撑故事的力学和原则，接着像米开朗基罗挥舞画笔那样灵活自如地运用它们。承认吧，米开朗基罗的工作不过就是力学和工具，如色彩、笔触，用以描绘出脑海中的想法。正是融合了想法、想法背后的思考以及长年累月伏案作画的耐心……使你有可能创作出最好的那个故事。

我无法把天赋这类东西教给你，但我可以将这套力学和这套工具展示给你。

好的、更好的、最好的核心技能

那么，我们如何把握这种程度和细微差别呢？结构会告诉我们应该在何时去做何事，但是有没有办法决定做多少呢？答案在于每个人在力学方面的独特品位和判断。比如，多热才叫热？多紧张才叫紧张？多平稳才叫平稳？这些都由我们自己决定。

当我们为每个故事要素、原料和执行工具做出决策时，我们能更好地将组合最优化。这就是我们创造奇迹的方式，实际上没有丝毫神奇可言。因而，我们不能仅仅满足于“好的”，我们需要学以致用，努力去寻找更好的，去追求最好的。

立意

定义：演变成为你的故事的重大想法。基本的“如果……将会怎样？”假设。立意是戏剧格局，是进入情节的窗口，是冲突的来源，是引人入胜的问题、迷人的处境、故事的承诺，以及人物发现有事情可做的舞台。

好的立意：读者天性被假设的问题所吸引，对作者提出的故事问题的答案感到好奇。

更好的立意：读者能够感受到主人公寻找答案的旅程，能间接地体验到主人公的旅程。故事预示着一段激动人心的、值得让人为之倾心的经历。

最好的立意：读者不仅能够体验主人公的旅程，而且能与主人公产生强烈的共鸣，对利害关系感同身受，觉得故事的结局与自己有关。

例子：《饥饿游戏》。这个故事光靠立意就已经大获全胜。故事立意引人入胜，预示着将为读者带来一次替代性体验，使得读者与主人公感同身受，给予主人公情感支持，这些在立意层面就已经开始了。为了自称优越文化的娱乐与复仇，让孩子们相互残杀，这个想法简直骇人听闻，但又让人着迷。如乔纳森·法兰森的《自由》（*Freedom*）这类小说，更多的依赖人物，而不是立意。这类故事里的确有立意，但是，它在立意层面并没有提供任何特别引人入胜的要素——主人公是正常的人，有着正常的工作，寻找正常的关系——除了承诺作者能够从这一段话中写出东西。立意是动人的现实生活，提供真知灼见。

经验：你对任何一种给定的类型挖掘得越深入，立意就越重要。立意是人物得以展现的舞台，而戏剧张力和替代性体验的故事力学是使立意成功的推动力。

你在寻找一个立意，通过故事力学传递力量，使得你的故事取得成功。太多的作家止步于此，没能跳出自己对某个想法的迷恋，以便客观地评估这个想法对市场的吸引力。创作一部关于你的堂兄在夏天采摘浆果的小说是一个艰巨的任务，因为故事本身没有内在的吸引力。或许法兰森可以做到，但是其他人最好还是找到一个更吸引人的立意吧。

人物

定义：故事的主人公，有着丰富的背景故事、内心世界与外部表现，要进行一段旅程，使得主人公成为英雄。随着故事的推移，主人公不断成长、变化，最终成为故事结局的主要催化剂（英雄所做的正是这个）。

好的人物：一个有趣的主人公，能赢得读者支持的主人公。

更好的人物：层次丰富的主人公，读者支持他或她的同时，能够与之建立关联。

最好的人物：主人公能感受到读者的感受，恐惧着读者的恐惧，成为读者希望扮演的那个英雄角色。换句话说，是英雄与读者在情感层面的替代性结合。最好的人物是能够完成这一任务的英雄。

例子：小说《麦田里的守望者》的主人公霍尔顿·考尔菲德。他就是我们自己，是我们最基本的人性。但是，他比我们更好，因为他可以描述那些时刻、背景和动态，而我们做不到，但是我们能立即与之建立关联。

经验：当我们赋予人物一些有趣的事情去做（戏剧张力和与主人公共鸣），使得人物成为某种特殊的人物，而不是仅仅静止、用如实反映现实生活的方式去描写这个人物时，这个人物才会是最好的人物。

主题

定义：通过动态的故事呈现人类经历的相关性和透明度，既有人物层面，也有冲突层面。主题就是一切故事的意义。主题是一个揭示故事的意义、成为故事催化剂的问题，是故事让读者去思考的东西，让读者为之愤怒、产生质疑或者感同身受的东西。

好的主题：展现生活的真实状态，不管是好是坏。好的主题使我们认识到活着的力学，不管这个故事发生在何时，同时启迪普遍的真理，与该故事的时间、背景相贴切。比如，关于贫穷的故事，我们都能与之建立关联，即使我们本身并不贫穷。

更好的主题：关于英雄主义美德的故事，在主题丰富、现实的舞台上展现。故事在表现英雄主义的同时，对必须要征服或克服的黑暗进行深刻反思。

最好的主题：切中要害、不会退缩的故事，让读者看到事物的两面性，看到主人公可以做出的所有选择，并在这个过程中教会我们认清真理、把握现实。提出问题，并通过给人物设置挑战以及人物的决定和行为的结果来进行探索和检验。

例子：约翰·欧文的《苹果酒屋法则》通过问题两方的人物视角，来探索一个极端事件的两个方面，蔑视政治与宗教，并且对结果毫不退缩，强迫读者做出决定、做出反应。

当然，还有凯瑟琳·斯多克特的《相助》，该小说是主题方面的一个经典案例。该书没有向我们推销任何事情，但是让读者的阅读体验与人物和他们的旅程建立起关联，由此激发读者的个人反应。

结构

定义：故事的展现顺序，传递阅读体验的同时，加深了利害关系，体现了故事的跌宕起伏。这种模式为特定的故事点提供了目标位置（从故事的线性比例而言），每一个故事点将故事的四个部分区分开来，每一个部分都有自己的语境任务。这种任务驱动的切入点区别了故事的四个部分的叙述目标，以及每个部分的场景的语境目的。

好的结构：故事以稳健的四部分顺序呈现：布局、反应（到第一情节点）、对问题的主动攻击、解决。

更好的结构：故事的编排使读者间接地迷失在故事中，提升了故事的四个部分的效率和吸引力，以及每一部分内在的戏剧张力。

最好的结构：故事使读者感到惊讶、好奇，能够抓住读者的注意力，并且能在情感和智力上给予读者回报。故事环环相扣，逐步揭示，诱惑读者、戏弄读者，最终回报读者，使读者爱不释手。

例子：丹·布朗的《达·芬奇密码》。不管你是否喜欢这部作品，这个故事融合了六大核心技能，是一个引人入胜的故事，使得将近8 000万的读者对其爱不释手。它的优势就在于它的结构，完全符合最优的四部分模式。

《饥饿游戏》是故事结构的另一个经典范例，完全符合四部分结构范式。它和上面一部成为畅销书史上最成功的两部并非偶然，恰恰是因为它们的结构使得故事力学最优化。要清楚，这两部书的成功以及类似故事之所以成功，不仅仅是因为故事核心的立意有力，而是因为故事展现在读者眼前的节奏和巧妙的笔触。

场景设置

定义：叙事单位，以最优的方式将故事向前推进，既重视人物刻画，也重视戏剧张力。每一幕场景都应该有一个特定的叙述任务，基于该场景在故事编排中的具体位置和叙述弧线。

好的场景设置：场景符合逻辑，与后续场景融为一体，创造一个连贯顺畅的故事主线。

更好的场景设置：场景像独幕剧，每一幕场景都有布局、冲突和解决，同时又与下一幕场景无缝衔接。场景在刻画人物、构建说明和按次序排列的叙述层次的同时，呈现了一个重要而显著的情节点。

最好的场景设置：场景快速切入到该场景的任务，展现、设计、解决一个故事点，同时为随后不断加深的利害关系、紧急情况、选择和人物弧线做好布局，包括微妙之处和细节差异，比如伏笔、潜台词。然而，第一部分有更大的自由，可以从容不迫地布局，特别是在第一次介绍主要人物和戏剧预设的场景中。

例子：麦克·康纳利、尼尔森·德米勒、朱迪·皮考特的任意一本书，或者在畅销书排行榜上待过一天的书。

写作风格

定义：从读者的角度看到的作品本身（文笔）的味道、风格和连贯性。

好的写作风格：句子清晰、直接，形容词和描述很少，但很有效。干干净净，没有跑题，没有用力过度。行文不以追求风格效果为唯一目的。读者沉迷于故事之中，不会注意到词语、句子和段落，是职业的写作。但恰恰因为这个原因，好的写作被视为理所当然。

更好的写作风格：阐明这一时刻以及其中人物的潜台词。在这方面，第一人称通常比第三人称更适合进行人物内心的刻画。

最好的写作风格：文笔轻松、流畅，往往有很大回报，暗含幽默风趣，必要时表现出细微差别和微妙之处，需要时又给以直接的力量。文字具有大道至简的特性，没有表现出用力过度。这样的结果是，作者的风格很容易被辨识出来，如歌手的声音一样，清晰明确，有个人特色，因此提升了读者的阅读体验。

例子：约翰·厄普代克是现代风格大师。科林·哈里森也是，他设定的风格标准，当今世上无人可及。主打推理小说的丹尼斯·勒翰，他的写作风格值得纳入研究生院文学课。当然，这个名单很长，他们都是杰出的作家，但是不是像海明威、福克纳和汉密特那些巨匠，这些大师巨匠的写作风格无法模仿。

再深入一些、 再努力一点

掌控你故事中的每一个时刻。

如何做到这一点？从每一幕场景的任务和潜台词开始，了解并寻找故事在任何给定的时刻所需要的要素，创造性地审查所有可能的选项之后，用你能想到的最可行的创意选择将其最优化。

换句话说，不要依赖修改的过程，不要相信你需要一边写一边形成你的故事，你可以根据你对场景及最终的故事成功驱动力的基本了解，来创作你的故事，即从力学角度而言，也是从将力学最优化的结构范式而言。好的故事与更好的故事、最好的故事之间的区别也就一目了然了，你往往就能找到最好的故事。

当我们不满足于“好的”，甚至不满足于“更好的”，当我们瞄准使得故事力学最优化的创意选择，认识到这些创意选择是什么，并围绕这些选择来构建我们的故事时，我们就是在定性地利用寻找过程，而不是定量地寻找，不是仅仅满足于填满粗糙的初稿上那些空白的页面。

一个例子

你的故事写作进行到某个阶段，需要写一幕场景。在这幕场景中，你的主人公注意到一个女人，这个女人将在后面的故事中诱惑他、陷害他，使他陷入一场谋杀案中。于是，这幕场景的任务就是让主人公注意到这个女人。当你头脑中有了这个任务，你就有无限的选择来完成任务。

好的：主人公来到停车场，走到他的汽车前，这时，他看到了这个女人。他注意到，她在对他微笑，向他示好；他注意到她的车牌号码，他要了她的电话号码和地址。

更好的：笑容里透着承诺和神秘，他进到自己的车里，发现她在挡风玻璃上留了一张字条，她已经知道他的名字，并且向他承诺，他很快会收到她的消息。

最好的：她在停车场里上演了一起事故，在倒车时看似不经意地撞到他，但是事后想想，这明显是她的策略，是为了介绍她自己，而这一幕，他很难忘记。

头脑里没有一个结局（仍然在寻找故事），这种按顺序的、立意驱动的、结构贯穿的、凭直觉的故事构建法可能会成功，只要你有这个时间和意志力，对这个故事有持久的热忱并坚持下去。一旦你想到结局，你将不得不返回起点，根据你的这一新发现来重新修改你的故事。然而，如果故事从想法阶段到提升为立意，构建宏观格局弧线，创造节拍表，到形成第一稿……都是由最优化的故事力学要素组成，那么这个过程将使你每一次修改都能向你的故事的最高愿景更近一步。

寻找故事的过程至关重要

寻找故事的过程与写初稿的过程本身一样至关重要。因为对作者而言，寻找故事是不可避免的，也是不可逃避的，即使你不用提前列提纲，只写一稿就能找到故事，也同样如此。只是寻找故事的方式不同而已。

将故事力学作为你的试金石，你将会做出更加明智的选择——与故事整体相关的睿智选择。

10 戏中戏

> 我们将证明一点：看上去容易，做起来难。

通常，当你不小心说出自己是作家时，人们的反应是："真酷，那你是写什么的？"似乎你说了一件最令人着迷又最意想不到的事情。其实每个人私底下都是作家，只是很少有人愿意承认这一点。所以，当你声明你写"小说"或"剧本"时，可能会出现两种情况。

大多数情况下，你会得到一个礼貌的点头致意，也许还有一闪而过的困惑，接着是有些矛盾的表情，似乎在说："好吧，关于你的事情，已经够了。"

偶尔会有一次，你"中奖"了，于是，可怕的谈话会继续下去，对我们大多数人而言，这可能更糟："你有没有发表过什么作品？"现在的你处于十分尴尬的境地。如果你说"有"，这还不如谦逊地说"还没有"更让人舒服，在这一点上请相信我。

尽管你也可能会遇到某个人是真的出于好奇，请你给他们讲述你的故事是写什么的。祝你好运，在他们的目光越过你之前，你大约有30秒左右的时间——基本上相当于一个简短的电梯测验[①]，之后你会

---

① 电梯测验（elevator pitch），指的是在上下电梯的30秒内清晰而准确地向客户解释清楚解决方案。

发现自己面对的是礼貌而茫然的注视。

“嗯，这是一个有关……”你要是这么说，那他们就是在这个时候迷失的。

如果你的答案是“嗯，这有点复杂……”那么，迷失的人就是你了。

如果这种打趣逗乐发生在鸡尾酒会上或是在旅行野餐过程中，是发生在和图书经纪人或编辑之间，那么请振作精神，你的机会来了。但很有可能的是，你面对的这个人是詹姆斯·帕特森的粉丝，或更有可能的是，这个人只是出于礼貌。尽管如此，这仍然是属于你的焦点时刻，因此，请抓住这一刻。在这种非专业的场合，你的答案可以是关于任何事情的，但要着重六大核心技能中的四个要素中的任何一个（相信我，你只有这么多时间）。

这个故事是关于一个……的人（你的主人公）。

这是关于如果……将会发生什么事情的（你的立意）。

故事的核心是关于……（此处加入你所热衷的事情，这是你的主题。）

这是一个关于和嗜酒如命、最终入狱的母亲相依为命的故事……（简要的结构一览，灵感可能来自于某个真实的事件。）

你可以将上述任意一个问题变成一个引人入胜的电梯测试。如果你的听众是业内人士，那你最佳的反应是有策略地将上述所有要素融合在一起。实际上，这就是你的故事的预设陈述。

最终，当你有了值得讲述的初稿时，你就有必要通过预设讲述一个简版的故事。

但是，如果你还没有完成初稿呢？如果你是在一个研讨会上讲述你的故事，而听众中有重要的人物呢？你会讲哪个故事？你会以哪一种核心技能开场（立意、人物、主题和结构）？接下来将补充哪个技能？

你要尽可能地在故事的开发阶段和执行阶段了解，从上述的四种角度看，你的故事各是关于什么的。实际上，了解了这一点，你就到达了寻找故事的终点，提升的故事力学就是你用于确保故事顺利起飞的喷气燃料。

作为电梯测试的答案，以上所有的切入角度都是故事。它们是微故事，以你的宏观故事为背景。这些故事与其他要素组合，同时展现。故事之间的边缘与过渡，只有作为作者的你知道。

关于如何推销你的故事，有一个可怕的事实是：你永远不知道读者或听众会最先对哪一个要素做出反应，或者对哪个要素的反应最强烈。很多经纪人喜欢听人物故事，有些则希望听到有创意的故事；有些人会看着你的眼睛，试图从中嗅出恐惧的味道。不过他们所有人都想听到有商业价值的故事，故事有了商业价值，他们才会为你打一场胜仗。

好吧，事实上是为他们自己打一场胜仗。

这一直以来都是如此，但对读者而言，将故事看作是一个大熔炉则可能是一个新的视角，在故事中几条故事线同时进行，彼此相辅相成。

想一想你最喜欢的小说和电影

你会发现里面讲述了很多故事，它们如果不是同时发生，就是相互依存、相互交织。

一个前景故事。

一个背景故事。

一个人物驱动的故事。

一个情节驱动、依赖戏剧张力的故事。

一个次要情节的故事。

一个潜台词的故事。

一个竞技场上的故事。

一个逐渐浮现的故事。

一个离别的故事。

一个幕后故事。

一个主题故事。

一个令人惊讶的故事。

一个感人的故事。

一个扣人心弦的故事。

一个充满共鸣的故事。

一个充满情感与意义的故事。

一个基于真实事件的故事。

一个内幕故事。

一个讽刺故事。

一个心酸的故事。

一个……能够奏效的故事。

列出这个单子，不仅仅是要将其视为对故事的一些描述或是形容词。我想说的是，这些微故事，就像身处同一房间里的不同的人，它们都存在于你的手稿之中，作为一条条谨慎的故事线在页面上展开。

需要例子吗？在《达·芬奇密码》中，前景故事是兰登作为符号学家追踪凶手的旅程。他的旅途与他自己的信仰同时构成了一个由人物驱动的故事。

作品中逐渐浮现的背景故事就是阴谋背后的原因，是古老的天主教徒固执地隐藏了他们的宗教背后的真相。

次要情节故事是关于被找来帮助兰登的那个女人的本质，最终与一个潜台词的故事相连，关系到两千年前所发生的事情的真相。

逐渐浮现的故事是一个存在了几百年的暗杀教派，他们听命于教会，隐藏了某些真相，这些真相对天主教奉行了两千多年的信仰体系提出挑战，这也许是真的，也许不是。这也是潜台词故事的一部分。

主题故事是这个假设与我们现实的现代生活之间的联系，现实生活对小说的幕后故事并不知情。

扣人心弦的故事（戏剧张力）指的是兰登在探索真相的过程中所面临的生存问题。他们会在兰登发现真相之前就将他杀掉吗？注意，这个故事与前景故事——神秘的谋杀案——有何不同？它又如何在最后一幕中压倒前景故事？

这个故事的另外一个扣人心弦的地方，在于它使用了古老的达·芬奇和他的艺术作为具有特定意义的神秘时间胶囊，用真实的东西吊起我们的胃口。部分是幕后故事，部分是历史故事，部分是推理故事。

这也是一个充满情感和意义的故事。因为这部小说和电影很可能使你感到恼怒或震惊，使你产生怀疑，抑或是使你更加坚定了自己内心的愤世嫉俗。这也是你为什么会讨论它的原因，也是它大受欢迎的原因。

布朗的小说是一部能让读者产生共鸣的小说，因为在某种程度上，读者之所以在乎可怜的兰登，不仅仅因为他是被暗杀的目标，而且因为从隐喻意义而言，他在探索一个宗教的真相，可能是在某种程度上使读者困扰的真相，也可能不是。对于有些读者而言，兰登就是他们自己。

所有这些内容都囊括在这一个小小的故事里，结果就是，小说的销量突破了 8 000 万册，刺激了两部电影的成功，使得作者的作品永载史册。

你是不是觉得这些东西都是布朗凭直觉想出来的？是他打草稿时

偶然想到的？是在过程中编造的？如果是，你觉得他仅仅用了一两稿就搞定了吗？他真的那么优秀吗？尼尔森·德米勒在这部小说封面上做了推介，在价值几百万美元的代言中，他说："这纯粹是天才。"但是，这种天才是与爱因斯坦式的天才一样（99%的勤奋加上1%的灵感）？还是仅仅是作家通过运用故事力学的力量，将一个绝妙的立意与故事格局结合起来的结果？

也许上面所列出的微故事清单可以帮助你更好地欣赏这部小说格局的复杂与出色，希望它能给你带来灵感与信心，相信你也可以做到。

事实上，更可能的情况是：丹·布朗将这些故事都作为整体的一部分进行考虑，然后接着按顺序充实每个故事。他提前做了一些准备工作，其他部分都是在打草稿的过程中自己出现的。打草稿可能是这个过程的一部分，但是因为这部小说的创作并没有花费作者半辈子的时间，我可以向你保证，他写作时是有目标的，是根据某些东西（宏观故事愿景），而不是通过偶然的运气的青睐或是远在云端的、轻声细语的缪斯女神来获得这些故事线索的。

我们也能做到吗？我们应该这么做吗？

答案是：我们当然应该这么做。如果你想取得突破，如果你也想写一部影响深远的小说，那么，答案就是肯定的："是的，的确需要这么做！"

如果你真的打算一边写一边编，那你一定要意识到，这个过程就是寻找这些微故事的过程。只有当你找到这些微故事，审查它们、实验它们、尝试它们，你才有可能完成最优化的一稿，使得这些微故事融为一体，无缝衔接。

你有没有在目前行之有效的一稿中，试图去实验某个想法——将想法扩展丰富，测试它的潜力，埋下伏笔，制造后果？如果有过这种经历，你就知道这有多么困难。这也是为什么有些凭直觉写故事的作家，有时要花费几年的时间才能完成一部作品。好消息是，你可以在头脑中提升一个想法，通过对话，采用按等级划分的“如果……将会怎样?”的一系列问题和节拍表做到，而且你甚至可以在动笔之前就将想法充分提升。

请注意，在《达·芬奇密码》中，每一个微故事都有开头、中间和结尾，基本上所有成功的复杂巧妙的小说都有这三部分。在四部分故事格局（布局—反应—攻击—解决）中，推动人物的驱动力是戏剧张力，戏剧张力可以定义为需要完成的事情，有敌对势力的阻碍，有利害关系，每一种结局会带来不同的后果。

换句话说，即需要发生一些事情。从一个作家的视角来看，丹·布朗的故事并不是关于宗教的，而是关于主人公需要解决某个问题、实现某个目标的，这一切都是在利害关系和敌对势力的阻碍下展开的。

这就是对于故事创作中的每一种“调料”（微故事线）来说，故事是什么。

巨大的深渊在呼唤你的名字

作为拥有职业抱负的作者，我们很容易根据自己心中的重大想法，只去关注其中的一两个微故事（不管这一重大想法最初是从四大要素中的哪个要素衍生出来的），而让其他的自生自灭。这个陷阱非常致命，即使在某种程度上，这些要素会自我显现出来。但是，作为故事建筑大师，全面把握我们小说和剧本中展现的所有故事的细微差别，将会让我们获益良多。因为只有积极主动地了解，我们才能操纵它们，并将它们最优化。

有些作者也许会对让他们“操纵读者”这个想法感到愤怒。但是，这难道不是一个成功的故事实际要做的吗？

我们几乎总是从头脑中的某个故事概念开始。

接着，我们试图或者应该试图把这一想法演变成一个重大想法，再将这个重大想法变成一个真正的立意。从这里开始，我们应该将立意扩展成一个丰富的、能产生好结果的预设。此时，我们面临着一个重要的十字路口。

你是开始打草稿，还是在打草稿之前继续寻找其他的微故事（除计划的微故事之外）——在整个叙述中，要共同存在、携手跳舞的那些微故事？

如果你选择通过打草稿来发现这些并存的故事（这么做没有错，只是需要的时间更久，付出的努力更多，就像在没有建筑规划蓝图的情况下，要现场设计和建造一座桥梁），你将不得不返回，重新修整微故事之间的边缘。因为，你基本上不可能将这个舞蹈最优化，直到你了解了所有的故事完整的弧线。

此刻，你还觉得这很容易吗？

11 潜台词的诱惑低语

> 我们将意识到，也许我们有点用力过猛。

无一例外，所有的故事都有潜台词，恰如生活本身就充满了潜台词。我们创作的故事作品，即便是故事的背景设定在其他时代、世界和维度，最终也都与生活有关。

对作家而言，真正的问题，也可以说真正的机会在于：故事中的潜台词是有助于提升故事主体的效率，还是仅仅隐藏在字里行间，没有任何意义？也许说得更糟糕点儿，那些潜台词是否只有具有商业敏感性的文学教授才会注意到它们？

人们忽略了一个事实：在这个充满类型小说和人物驱动的主流小说的世界中，潜台词也许是故事创作中最能使故事脱颖而出的、最强大的微妙区别。如果你正在寻求创作优势，寻求提升创作水平的小窍门，寻找畅销书作家不想让你知道的秘密，那这正是潜台词。掌握了潜台词，你就能在文学创作界独树一帜。

对一个作家而言，如果不重视在故事中发挥潜台词的作用，那就如同音乐家忽视和声在音乐中的作用。在主调的不同层次、节奏的上下之间，有如此丰富的内在潜力。在你的故事中，没有使用与众不同的、引人入胜的潜台词，就像是在进行无伴奏演唱，你何时听到过无伴奏演唱登上过音乐榜前100名？

在小说中，潜台词是情景设置、人物刻画、幕后故事和戏剧展现的产物，就像你自家小院里生长的幼苗。你可以种下一粒种子，然后精心照料它或者让它自生自灭。无论何种方式，都决定了你的小院的外在吸引力，要么为你的家增光添彩，要么会大打折扣。

尽管如此，你仍可以运用潜台词，将其作为一个层面来丰富你的故事，使故事变得更加深刻、更引人入胜。优秀的职业作家可以很好地利用潜台词。

潜台词是故事展现的宇宙

潜台词决定了一切，这无须引证。

想象在海底发生的一个故事。水下世界的规则为故事提供了潜台词，如果故事涉及人类，你无须解释潜水艇和氧气筒的必要性。

想象一个完全由犯罪分子构成的故事。你的人物之间的关系由这一潜台词决定，正如读者的期待一样。

潜台词是故事中不能言说的影响。社会价值、政治力量、自然、科学、技术和人类的时空限制……这些决定了什么是可能的，什么是不可能的，什么事情可能会发生，而什么事情不太可能发生，这也决定了人物的思维模式。

你已经知道，你必须将故事设定在某个地方。你的故事都必须在你所创造的世界中展现，无论这个世界是真实的还是超现实的，故事要发生在某个地方、某个时间框架、某种文化或社会中，甚至是在某个家庭中，或者某种工作场合中。

但是，故事不仅仅是背景。潜台词往往相当于主题，并且能推进主题。可以说，当作者积极主动地将背景作为潜台词运用时，背景就成为了主题。当你做出关于背景的选择时，无论是物质的还是文化的，你都是在选择你的潜台词。因为这些选择会带来一定的压力——

推动力——决定并影响了你所选择的背景和主题中发生的事情。

为了将潜台词最优化，将其作为达到你既定主题的方式，作者可以让故事在上下文中依赖背景。时间、地点或社区的社会环境、物质环境，都能成为戏剧压力，成为展现故事的实际因素。

记得哈里森·福特的电影《目击者》（*Witness*）吗？这个故事的潜台词就是宗教，故事中处于情节核心的凶杀案的目击者是阿米什人①。阿米什人的信仰体系对其信徒的选择形成了显著的社会压力，同时也决定了外部世界对他们的看法。因此，潜台词是整个故事的关键。没有这种特别的潜台词，《目击者》只不过是一部普通的推理电影，不会获八项奥斯卡奖提名并斩获其中两项大奖。

在《相助》中，潜台词是故事所设定的时空中的社会偏见、社会规范和不公平，这些都是整个故事中最重要的事情。想象一下，如果这个故事发生在今天，无论是在哪里，它也许仍会成功，但那将是一个完全不同的戏剧模式。

当凯瑟琳·斯多克特开始写这部小说时，她知道，她的故事有一个主题，任何与角色或情节相关的东西，都与这一主题相关或者受此启发。她也许从来没有想到过“潜台词”这个词，这完全有可能。

但是，她没有到此为止。她的故事不仅仅是有关社会偏见与社会规范的，也是有关一个引人入胜的情节的。没有这个，故事最后不会取得如此巨大的成就。

还记得约翰·格里森姆的第一部小说《杀戮时刻》（*A Time to Kill*）吗？纯粹是潜台词的作用。没有 20 世纪 50 年代的美国南方作为故事背景，就都是老生常谈。当一部小说使用潜台词来明确时代的

---

① 阿米什人（Amish），是基督新教再洗礼派门诺会中的一个分支（又称亚米胥派），以拒绝汽车及电力等现代设施、过着简朴生活而闻名。

话，它就在吸引人的情节之外又抓住了一个内在的机会。

仔细看看那些超级畅销书，以及那些备受赞誉的电影，你会发现，它们共同的本质就在于潜台词。仔细看，认真读，用心学。

例子比比皆是

在爱情小说中，潜台词通常是将恋人分开的社会障碍。故事所处的时代和社会文化准则决定了什么事情会发生、什么事情不会发生。如果这不是主题的话，那就是潜台词。

在推理小说中，潜台词通常是警察腐败、性变态、商业或政治贪婪、自私自利，或者是人类源于嫉妒、反社会主义、投机主义、恐惧或憎恨的阴暗面。

在科幻小说中，潜台词也许是星球即将灭亡，或者是世界末日后的情景，人类的生存由环境决定，抑或是非人类智能的存在。是技术与人类的对抗。

每一个故事都有潜台词。

再次，我们可以选择——我们可以管理潜台词，或者任由它来管理我们的故事。但是，要知道，如果不给它套锁，不驾驭它，它就会肆无忌惮地疯跑，会一溜烟地跑走。抓住潜台词并将它驯服，你便可以将它带到它自己或许不会去的地方。

潜台词的最优化

作为故事的创作者，我们总是在背景、人物弧线和戏剧张力等方面做选择，因此，我们很容易会忽视潜台词在故事中所扮演的角色，或者将其视为理所当然。

潜台词属于立意范畴（立意是六大核心技能之一），因为你对故事背景的选择和设置的内在故事动力，为故事制造了引人入胜的未知因素。如果你将一个爱情故事背景设定在艾奥瓦州的乡村农场，那么你最好是乔纳森·法兰森，否则你就是在逆流而上。

发生在修道院里的爱情故事……对，这才是一个可以使你一举成名的悬念。

12 重要而静默的故事杀手

> 我们将看到，作家虽然初衷很好，但是容易搬起石头砸自己的脚。

你对自己的故事充满激情，这很好；对自己的故事核心的主题充满激情，这很好；带着激情写作，也很好。但是激情也是一种麻醉剂，是没有计划的承诺，而且激情会上瘾。它只能为你加油，却无法为你赢得比赛。

有激情固然是件好事，但是作为构思故事的财富而言，它毫无价值。

或许你会觉得，你对故事的激情是你进入写作这行最大的财富，但实际上，恰恰是激情可能会默默地、悄无声息地压倒你的故事，以至于让故事完全窒息。就像一个恋人，爱如潮水，将你淹没，但却给不了你需要的任何东西。

政治家可以为一项减税提案大声疾呼、奔走多年，声称这项提案对中产阶级有利。但是，他能将自己关进美国国税局（IRS）总部的房间里，通过修改税法来实现他的主张吗？

我们中有些人希望用我们的小说拯救世界；有些人的理想稍微小一点，仅仅想拯救几个灵魂，或者至少解放我们自己的灵魂。我们对此是认真的。我们的小说很重要，也很有必要，小说讲述的是必须被讲述的故事，它们“有所谓”。

如果你问凯瑟琳·斯多克特，她的小说《相助》（参见第 23 章）是关于什么的，你可能会得到两个答案：第一个是关于故事的主题目标和原理，第二个是通往故事的窗口，反映故事的叙述计划。

“《相助》讲述的是发生在 1962 年密西西比州杰克逊小镇上的黑人女佣的故事，她们在有种族歧视的白人雇主那里受到压迫和不公正的待遇。这个故事将展现这些女人的坚强和人性，以及她们如何帮助改变这个国家的种族历史进程。”

好吧，但是这只是潜台词，故事在哪儿呢？

“《相助》讲述的是一位年轻的作家想要在出版业崭露头角的故事，她感觉，1962 年密西西比州杰克逊小镇上的黑人女佣的经历充满了故事性。她要写一本小说，并努力争取女佣们的帮助，以揭示这些秘密的不公正。在此过程中，她发现了意想不到的阴暗，也发现了人性的光辉，此举也使得她在社区中的地位受到威胁。”

这才是一个故事，主题会从这个故事中自然浮现。

作家需要两个答案，一直都是。

因为出色的技巧，对故事内在的机制、格局和化学反应的了解——引人入胜的、戏剧性的预设，张力和冲突，引发冲突的对抗，最佳的节奏，与主人公的共鸣，替代性阅读体验，完美的执行技巧——这才是主题承诺背后的真正的工作。

这些应该是作者首先要考虑的事情，一旦工作开始要对之满怀热忱的事情。之所以有这样的理解，是因为有一点是肯定的——主题承诺尽管激动人心，尽管非常重要，但是，在这些运动员淋浴之前，它甚至都还不在球场上。

主题力量是戏剧效率的产物。如果你的激情放错了地方，放在了这个句子错误的一端，那么，你的故事就需要保镖了，因为它的生命也许岌岌可危。

你的故事是关于什么的?

“关于”这个词是一把上了膛的枪，瞄准了你的手稿的核心。你的答案赤裸裸地暴露了你的故事的商业性和技巧可行性，并告诉我们你所知道的东西，而答案的缺席也会暴露出你所不知道的东西。

要使得你的故事在执行中引人入胜，你必须要有情节。

有激情，没有情节，只会让你的草稿在编辑反馈给你时被拖向邮件箱的最底端。

一个伟大的故事是关于一个问题的，而不是关于一种意识形态的。意识形态是潜台词；而故事是关于一个人的，你的主人公在处理问题，在此过程中会得到或失去一些东西，路上会遇到外部敌对势力（坏人）的阻碍，随着战争的持续和情节的跌宕起伏，主人公也会踏上一次旅程，在旅程中逐渐成长为英雄式的人物，并且以自己的实际行动解决问题。

你的主人公不需要成为一名斗士，与问题斗争，但是不管你为他设置的冲突驱动的道路是什么样的，都要有这个问题作为上下文的语境。

读一下任何一个已经发表的故事，你会发现，这些故事中都有这些动态机制。读一读任何一个没能发表的故事，你会发现这些动态机制也许不存在。

当作家们着手写一个关于痛苦、不公、治愈爱和发现爱的故事时，有太多人不会考虑这一点。所有这些目标都是主题，当主题成功的时候，它们实际上是一个成功地讲述故事的产物——是结果。

是一个有情节的故事。

错误比比皆是

作为写作指导教师，我阅读过大量未发表过的作品。最常见的一个问题是：故事的焦点放错了位置。这些故事关注的是主题，而不是冲突，作者们带着满腔热情书写这些主题：世界和平，寻找爱情，在冷酷无情的世界中寻找真实的自我，解决家庭问题，宽容，等等。

看完试图表达故事的想法和立意的提纲之后，我不得不问："主题很好，但是故事在哪儿？立意何在？"主题并不是立意，而是潜台词，即使主题能在某一时刻将故事引向立意。这句话的另一方面同样正确。主题从来不是一个立意，而是意图，是你瞄准的一个目标结果。

这些作品接下来的段落描绘当今政治，或者主人公的背景故事，或者主人公功能失调的家庭。作者描写人物的感受，试图用错误的方法解决故事，只描写主人公某天醒来，突然间有所顿悟，然后问题（如果有问题的话）被解决了。

好像故事的精髓在这里。非也。故事的精髓在于你为之设定的冲突的力量，在于主人公为解决冲突而采取的行动。

还是没有故事。作家几乎要哭了。作家所喜爱的问题，一旦被清晰地阐释，将成为拯救她的情感宣泄口，她会将自己所有的痛苦、愤怒和激情倾注其中。她写这件事，往往是因为这是她自己的故事。

我告诉作者，还是没有故事。主人公没有问题要解决，没有外部的敌对势力要面对，没有一个贯穿始终的目标要达成，只有断断续续地讲述的一连串的阻碍自己内心的问题，冗长而枯燥。没有能引起读者共鸣的人或事。

有时，她不明白我的意思，直到我跟她说，故事是有关一个人物的，关于一个主人公而不是一个主题。主题只有在读者的替代性情感参与中产生，主人公面临一个问题、挑战或是有某种需要，这使得他踏上一段旅程，作为对一个新的追求的反应，读者与主人公产生共鸣

（支持主人公）。在敌对势力和时间紧迫的压力之下，主人公积极应对，进行新的探索，并朝着理想的结果前进。

这种模式的变形比比皆是，不需要再重新发明。

这才是故事。有主人公，有问题、敌对势力、反应、改变、攻击、重组、成长、英雄事迹、解决问题。

主题没有被包括在内。故事没有任何意味，直到它具有了意义。

故事是关于行动中的人物的

一言以蔽之，这就是故事。人物所做的事情的总和就是故事。故事不是人物的所见所感，而是他们在面对压力、利害关系和需要时所采取的行动。

故事的“意味”是“潜台词”，不是叙述上的控球后卫①。有潜台词固然很好，它使得实际发生的事情更加清晰，但是潜台词不是驱动力，人物的决策和行动才是驱动力。主题，你如此热衷的信息和焦点，是你的叙述努力的结果，就像播种后收获的果实。

贫瘠的土壤，没有水的灌溉，没有阳光的照耀，没有精心的照料，没有呵护的技巧……最后也没有果实的收获，而你却向每个人承诺了提供可爱的水果沙拉。

一旦你意识到，你所想要的主题结果的力量就在你的手中，你必须要理解这句话的意味，理解它的好处与弊端。

这不仅仅是针对炸弹、罪犯和谋杀类故事，而是适用于任何一个故事。因为所有的故事都需要冲突，都需要从冲突中衍生的情节。两个必要因素——人物的行动和相关的冲突——决定了一条朝向强大的主题共鸣的道路。

---

① 控球后卫（Point Guard），又叫组织后卫，是篮球比赛阵容中的一个固定位置。控球后卫往往是全队进攻的组织者，并通过对球的控制来决定在恰当的时间传球给适当的球员。

情节是人物展现自我的舞台

人物是对情节起着催化作用的活动部件。

情感是每个人参与情节的通货。

利害关系是人物参与情节而采取的行动的后果。

一个优秀的故事指导老师不会特别在乎你的主题或者你关注的问题。这些要素要么存在，要么不存在，取决于故事力学是否成功。

我们在寻找故事，寻找故事的各个阶段、各种语境、各种形式和各种功能。正如医生不会在意你即将到来的晋升，她只在意，当那一天终于到来时，你能否站在那里呼吸。

13 结构与故事力学

> 这个模式看起来有点熟悉了。

不是每个人都理解“原则”和“规则”的区别。事实上，在艺术中没有“规则”。但是，在作为效率支撑的原则发挥作用之前，我们不能自称为“艺术”。这些原则被称为“技艺”。

这不是一个悖论，更像是重要的灵感、顿悟。如果你还没有听到过开启灵感的这个光荣的、小小的“咔嗒”声，那继续看下去，我会将你指向开关那里。

讲故事是一个执行选项的过程

讲故事是关于创意的选择。为了确保我们不会搬起石头砸自己的脚，有一套原则可以指导我们做选择。原则的存在是为了确保我们的安全，帮助我们驾驭故事力学，赋予我们的故事以力量，同时给予我们一定的自由，让我们按照自己的意愿对故事进行阐释和组合。

当有人告诉你说，你的故事结构薄弱，这通常意味着可能出现了以下情况之一：故事节奏拖沓，张力不足，人物弧线不明显，故事单调，不够复杂，层次不够丰富，不足以抓住读者的兴趣。实际上，尽管他们没有直接说出来，但他们的意思就是，你的故事实在枯燥无味。当他们刚开始听到你的立意的时候，实际上是喜欢你的立意的，否则他们就不会读你的手稿了。但是，从读手稿那一刻开始，你的故事就如同一个冰美人，虽姿色出众，但个性乏味，而个性恰恰是写作游戏中的关键。

事实上，在你听到关于结构的批评之前，很可能会听到关于你的节奏、张力、人物弧线等诸如此类的批评。但是，请注意，一个是因，一个是果，结构薄弱导致了其他地方的薄弱。

结构是通往节奏、张力、弧线、深度以及吸引力的金光大道。结构是以最佳的方式呈现它们的路线图和模式。糊弄结构，任意编造，就是将故事结果置于风险之中。结构是因果的一个例子，是一个普遍的现象。（听说过因果报应吗？在故事创作中同样存在因果报应，种瓜得瓜，种豆得豆。）你对故事中的因与果了解得越多，你的故事就越好。

结构任你自由追求卓越

从悬崖顶端直接走下去，你会坠落悬崖。然而，如果你使用正确的装备，减轻你试图对抗的力学，你就有机会活到明天。事实上，配备正确的装备从悬崖上跃下，这被看做是一项体育运动。但是，对于那些喜欢凭直觉写作的作家而言，这并不能减少他们对在故事的固定位置放入内容的天然反感。有人会问，为什么作者就不能随心所欲地创作故事呢？

你可以随心所欲地创作，只要你的故事与故事创作的基本原则相符。这不是一门精确的科学，而是一个大概的科学，既要求精确到每一个目标转折点，又要求从整体上把握平衡。如果你不在乎它最终能否出版，抑或别人是否喜欢的话，你可以随心所欲地写故事。

问题是，尽管原则是故事写作的基础，但太多作家在面临故事中决定故事最终效率的关键选择和重要时刻时，不会去考虑原则。

他们仅仅是坐下来动笔，挥毫泼墨，汪洋恣肆。想到什么就写什么。接着继续一路走下去。就像开车出发时想去佛罗里达，但到了中途，突然想吃纽约街头的商贩卖的比萨。如果车上只是你和你的家人，这没有关系。但是，如果你是一名职业巴士司机，车上还满载着已付费的乘客，那就不太好了。这么做太不职业了。

我们为什么不能发明属于自己的结构呢？

这个问题提得很好，也是常常被问到的问题，同样是一个意味深长的问题。倘若你正在寻找答案，使你可以名正言顺地忽略故事的结构原则，随心所欲地写故事，那么这还是一个很有诱惑性的问题。有时，已有作品发表的作家在接受采访时会暗示这一点，甚至直截了当地声明，自己就是这么做的，他创作故事时没有使用任何故事模式或故事格局原则。

但是，这种说法是错误的，即使他们真的是这么说的，更进一步说，即使他们真相信这一点。

如果故事成功，那么他们公开反对或是声称忽视的这些原则，事实上已经在发挥作用，即使他们不想承认这一点，或者即使他们自己没有意识到这一点。正如如果有人坚信地球是平的，即使他们的信念再坚定，也无法改变地球是圆的这一事实。假如在打草稿的过程中，这些不喜欢结构的作家感觉到事情不对或者被告知事情不对，他们几乎总能通过修改回到经典的结构范式，回到这种模式所带来的舒服的限定范围中，不管他们自己是否意识到了这一点。

这种情况是我们创作界所特有的。

有些故事术语的意思相近，几乎可以互换（比如，立意和主题），但是在具体运用中却不可互换，特别是对于我们力求提升技艺的人。

很多作家随意将想法、立意、预设和主题互换着使用，但是这些术语不是指的同一个要素，它们中的每一个都是技艺中一个单独重要的方面。

因此，你越想精确地磨炼你的技艺，你就越需要注意这一点。

比如，如果丹·布朗说，他的《达·芬奇密码》的主题是一个人陷入一起谋杀案，涉及两千多年前的秘密，这就是老生常谈。对主题而言，这样的描述是不准确的，写作界到处都是类似的描述。两千多年前的秘密是布朗的立意，质疑整个宗教的真实性，这才是他的主题。

有时，这些作家不知道“立意”和“主题”这两者的区别。他们就像运动员在说“muscleclature”（在词典里找不到这个词，我经常在美国娱乐节目与体育节目电视网上听到这个词）。他们不知道自己应如何运用技艺来取得成就；相反，他们说：“我就是坐下来，动笔写，直到我弄对为止。我不知道我的故事将如何结束。”这完全是废话，他们当然知道故事的结局，我向你保证，在他们提交的草稿里就有故事的结局。当这种方法行之有效时，他们会根据他们新发现的结局来修改稿子。因此，前面的草稿就成为他们寻找故事过程的一部分。但暗示自己是在最后一稿的最后一刻突然“明白”过来，这听起来更神秘、更性感、更聪明，但是从理解事情的角度而言，他们压根就没有真的“明白”。

一个作家谈论自己如何构思故事，暗示或者直截了当地说他发明了自己的故事结构，这可能会误导他人，因为它暗示了错误的事情，因此对于不知道“结构”和“策略”之间的区别的作家来说，这很危险。在这种情况下，这个作家实际上指的是“策略”而不是“结构”。他的意思是，他寻找能够干净利落地填入经典的四部分故事模式（这个模式不是他创造发明的）的场景或叙述内容，这个模式包含第一情节点、中间点、第二情节点等，它们的位置都恰如其分（他也许不明白这一点，但是他有节奏感，刚好符合这些标签）。尽管混淆了“结构”和“策略”，但这是一个正确的方法，如果他指的是这一点，那还算不错。

但如果他不是这个意思呢？如果他的意思是，他完全不了解四部分结构，只是感觉需要发明、而且能够发明他想要的任何结构，这是否意味着他是例外，而我们都应该去努力效仿成为这样的例外？我对此不以为然。这就如同有人从桥上摔下来却还能幸存，你还对此津津乐道。这是一个危险的暗示。

如果这位作家指的是，他需要构思叙述策略呢？如果他用“结构”这个词，仅仅是想戏谑这个实际上对作家而言有着特定意义的词呢？就像有人想要婚姻咨询，却说他们的婚姻需要“结构”，实际上，他可能指的是任何事情。

我在想，这个假想的作家要弄清楚的是他将如何创作故事，以及故事构思是什么，这一点我们都需要弄清楚。只是不要为了简单可见，就将这一需要称为“结构”。结构就像重力，你不能随意糊弄，结构就是结构。在某种程度上，结构是灵活的，但这只是最低限度的灵活。你处理和运用结构的方式——通过蹦床、飞机、9 号铁杆①、热气球、平衡木、蹦极——这些都是策略。

力学永远不会改变。你处理力学的方式可变，这才是策略。在讲故事中，我们称之为“叙事策略”。

叙事策略的例子

让我们看一下三部取得巨大成功的小说，这三部小说都被改编成电影，同样大获成功——《达·芬奇密码》、《相助》和《饥饿游戏》（后两部小说将在本书第 23 章和第 24 章中分别进行分析）。这几部小

① 9 号铁杆（nine iron），高尔夫短铁杆之一，常在近距离和不易击球的球位上及深草中使用。使用短铁杆时对球的飞行方向和距离的标准性要求更高。

说和电影证明了故事结构原则的合法性依赖于故事力学。这些故事都有着同样的结构，使用了同样的模式，同样行之有效，这也是当今出版界所期待的模式。（如果作者们只是偶然发现这个结构，那无所谓，但是他们并没有“发明”这个结构。相反，他们必须让自己的故事符合并遵循这一结构。）这些故事都以四个篇幅相当的部分呈现，其有效的故事转折点几乎都在最佳的位置上，上下文与人物弧线均符合这些原则。

它们提供了故事结构原则的教科书式的范本，这个模式（不是他们发明的）是他们天才的立意和叙事技巧的框架。

如果你不喜欢用“结构”这个词，那就将它视为通用框架，不让你的故事自行发展并结束。

因此，如果这些作者中有人在访谈中表示，她不得不先“构思结构”，将会怎样？

这可能意味着她的确沿着经典的结构框架安排自己的叙事，或者她的本意是，她“构思了故事的叙事策略”。

后者是我们能够从中学习的地方。

因为这三位作者的确都构思了他们的叙事策略。请注意，尽管这三个故事都按照同样的结构范式展现，但是它们的叙事策略截然不同。

究竟有何不同呢？

我们让故事自己来回答这个问题吧。

在《达·芬奇密码》中，丹·布朗选择通过多个视角来讲述故事，全书都是经典的第三人称全知视角叙述。当兰登发现线索时，读者与他同在；当兰登逃命、发现黑暗的真相时，读者亦与他同在；当邪恶的法国警察追逐兰登时，读者和警察们仍然同在；当疯疯癫癫自我鞭打的白化病杀手接到命令，去寻找他的下一个受害者时，读者和这个杀手同在。

这不是丹·布朗的结构，而是他的叙事策略，他的结构是经典的四部分结构。

在《相助》中，凯瑟琳·斯多克特通过三个不同人物的视角来讲述这个故事，三个不同的人物用的都是第一人称过去时（加入一些现在时语境）。这不是结构，而是叙事策略。

在《饥饿游戏》中，苏珊·柯林斯（Suzanne Collins）采用了与电影版的那些编剧非常不同的策略。顺便说一句，小说和电影采用的结构完全一样，是和《达·芬奇密码》、《相助》、《消失的爱人》（*Gone Girl*）一样的结构，基本上你能说出来的任何畅销书都是如此（因为这是一个普遍适用的结构），即使作者不能或者不会如此描述。但是，柯林斯的叙事策略是用主人公凯特尼斯的第一人称现在时来讲述故事。小说中没有任何一刻是在凯特尼斯意识之外讲述的（尽管电影中有这样的时刻）。

这就是纯粹的叙事策略。

上述每一个故事都是按照相似甚至一模一样的结构框架来执行的——这是你我都应该采用的结构框架。

塔伦蒂诺采用了这一框架，即使他打乱了时间顺序，使他的故事看起来像是一直在跳跃（《低俗小说》）。就背景而言，故事并不是随意跳跃的。故事的讲述完美，完全符合这一原则，因为与语境相关。

大多数故事都是按照时间顺序来讲述的。但是，故事结构并不是相关的时间顺序，而是相关的语境——将戏剧张力和节奏的力学最优化的语境。

电影《和莎莫的500天》也是如此。该故事的策略就是从标题中的500天，以看似随意的顺序选择一些日子来描述，使得它看起来像是结构。但实际上，该故事的结构、冲突和人物弧线呈现的背景完美展现了四部分结构之美。

结构是用立意、人物、主题和作家美妙机智的文字填充叙事顺序的东西。结构已经在那里，就像重力一样，等待着我们驾驭它的力量。

但是，叙事策略则由我们自己决定，甚至由我们自己去发明。在这方面，没有规则可言。只有我们自己的选择，能决定我们是生存还是毁灭。

让结构真实可靠

当你把故事结构视为对故事力学原则的一种运用，而不是包含限制性的规则，你就获得了一些重要发现。这一转变也许是作家成长过程中最重要的转折点，因为没有这一转变，作家将孤立无援，在创意选择的汪洋大海里漂泊，没有指南针的指引，故事会在瞬间被大浪吞没。

这些普遍适用的文学力量不在乎你是否理解它们。它们就在那里，影响着你的故事，要么把你的故事拖下水，要么提升你的故事水准，一切都取决于你如何运用它们。

有什么要素是畅销书作者知道而你不知道的？

答案就是，没有任何东西。对经纪人来说同样如此。不久前，我参加了一个大会的分组讨论，在讨论中有一位经纪人声称，他阅读故事的第一页就能知道这个故事能否成功，以及他是否愿意为这个作者代理。

看吧，即使是经纪人有时也会毫无头绪。（请不要告诉他们，我告诉过你这个。）

这不是关于打破你可能视为“规则”的自由，而是成功的作者天生就会在故事中运用力学原则所能产生的巨大力量，即使是无意识地运用。如果你正试图定义“写作才华”的本质内涵的话，可能就是这个。作家深知，原则本身能赋予我们选择的自由，而违背原则必然会让故事走向自杀之路。

如果这听起来很残酷，那么一旦你明白我在此处谈论的具体原则是什么，你就不会觉得残酷了。如果你没有认识到原则的重要性，那么，你就没有真正懂得故事。

如果你想称这些原则为“规则”，没有关系，规则不会在乎。如果你忽视了它们，它们最终还是会杀死你的故事。

规则与原则

真正的问题不在于给它们贴上什么样的标签，重要的是作者与故事力学的关系。也许你不知不觉想要打破“规则”，做一些你自认为是打破常规的事情，你因此对商业创造性的意思感到困惑。要想找出一个没有发挥故事力学就取得成功的故事，这几乎不可能。

去吧，打破规则，无视规则。只是在此过程中，不要抛弃故事力学的力量。最好理解应如何驾驭这些故事力学，来使故事在自己的创造参数中尽可能变得更好。当你把力学弯曲或是拉伸，这不是打破规则，而是创造性和策略的体现。但是当故事力学中任何一个特定的领域缺失，这就是打破了规则，这样的故事永远也不会成功。

有时，你会很幸运，在叙述时你会直觉地利用故事力学的一个或多个要素，但是更常见的情况是，当你有意识地运用这些力量、不允许自己将就时，当你在推进故事、试图将这些力量最优化来推动你的故事、给予故事飞翔的翅膀时，你更容易成功。

我们如何能够做到这一点？通过理解故事格局，通过结构呈现在纸面上时的要素、语境和任务。

从何处开始，先来什么，后到什么，有何转折，何处转折，为何转折，在何处推进故事，如何结束故事……你对这些细节的最优化不是源于你的学习、悟性和直觉，而是来自你积极主动地将故事力学恰如其分地运用到对故事的要素和时刻的审查与选择中。

故事结构不是规则，而是通往自由的没有风险的创作途径，是一套被阐明的能使故事成功的原则。

14 如何挑战你的主人公

> 我们将意识到，我们的主人公需要有事情做。

明理的作家深知，最有效的情节和人物是相互分离又相互依存的要素，两者都由故事力学驱动。情节是展现人物的舞台，是实施戏剧张力的场所，情节通过节奏升级，并最终得到解决；人物是使情节互相关联、具有意义的要素，是引发读者共鸣与替代性体验的领域。

寻找最佳的故事力学，就是努力在这两个至关重要的故事要素中创造和谐平衡，而不会目光短浅地偏重其一。

人物刻画是复杂的工程

如果你能抓住潜台词和内心对话的细微区别，如果你的立意成为一个由张力驱动的舞台，使得这种细微区别可以发挥作用，你就能使你的人物塑造得更生动、更加出自内心。当人物在做事情的时候，几乎总会比他们在思考或空谈时更有意思、更透明，或者更糟糕的是，人物仅仅在相关的事情中被提及。

只要深入观察一下你的生活和人际关系，你就会发现，到处是各种各样的对话。人们一直在与他们藏得最深、最受鄙视、最令人羡慕的内心自我进行对话。实际上，占据主导的“自我”往往会引起争议，而在我们的小说中，这恰恰是最有趣之处。这不是言语本身：人们不会到处跟自己悄声说话，你的人物也不应该这样，除非这是人物刻画的一部分。

通常，一个人的内心想法与外在行为和态度之间有着非常清晰的差距，有时这种差距很明显。这种差距是大多数人在表象背后所处理的东西，有时一天 24 小时存在，且每天都是如此。

一个害羞的人，却一定要在人群中假装自信、热情。

一个没有安全感的人，却披着嚣张的外衣行走世间。

一个委曲求全的人，始终意识到这不是真正的自己。

一个在婚姻中、工作中、教堂里伪装自己的人。

一个自恋的人与朋友在一家豪华餐厅共进晚餐，他一言不发，心不在焉，或是在等着，直到谈话内容转向他最喜欢的话题——他自己。

一个满怀怨气的人，却在平静的面具下隐藏着自己的憎恨、怨愤、痛苦和恐惧。

心情，无论好坏，都是内心对话的一部分。但有时，内心的噪音并非显而易见的。

人们——包括你的主人公和反面人物在内——认识到自己内心真实的想法、信念、偏好和舒适区域，与她所选择的行为方式或表现方式之间的差距的程度，就是内心对话。内心在不断进行着拔河比赛，一半肩膀上是魔鬼，一半肩膀上是天使。或者，是理性的声音，这个声音可能来自于前者中的任何一个。

内心对话也是读者建立关联的要素，当读者可以与之建立关联时，情感的共鸣就增强了。

如果人物不知道自己有多矛盾，就会是另外一种对话。尽管其他人都很明白，但是人物自身却不自知。别开玩笑了，我们大多数人（即使是那些没有在接受治疗的人）往往都知道，假象或是空虚，只是一种选择。

那么，怎么办呢？

在你拉开架势要与这个棘手的问题好好斗争之前，要深入思考一番。想一想你所认识的人，你会突然发现，这种内心对话的墙壁是多么透明。你对这个人越了解，你就越清楚他心里在想什么。

他觉得自己愚弄了所有人？其实不然。

很可怕，不是吗？

你也是人，也是进行这类内心对话的人之一，最好将它运用到你的小说中。

现在想象一下，你正在扮演你故事中的这个人物或者你自己，考虑是否可能通过一个戏剧性时刻的内心对话，来揭示内心的紧张、内在的矛盾冲突。

走进一个挤满了人的房间；对昨晚的事情撒了谎；第一次约会一个女孩；表面上强颜欢笑，内心却在想着自杀……这种虚伪的存在却通常是人类经验。当你在故事中将其巧妙地描述出来时，将会引发读者对主人公和反面人物两方的共鸣。你认识到这一点，人物塑造武器库的箭筒里就又多了一支利箭。你想挖多深就挖多深，挑选好你的时刻，将揭示、张力和复杂度最大化。

这在第一人称的叙述中很容易做到，在第三人称的叙述里也可以。在斯蒂芬·金、丹尼斯·勒翰、乔纳森·法兰森、约翰·欧文或者你最喜欢的作家的作品里，寻找一下内心对话和人物层次。

很明显，主人公是内心对话的候选人。但如果你能将这种复杂度也刻画到你的反面人物身上——可能有人性，也可能没有，根据实际情况——你将会达到一个新的写作深度。这种深度将使你的故事作品与众不同，令其脱颖而出。

“引人入胜的人物刻画” 这一灵丹妙药

就像作家发现故事格局一样（对于某些人来说，这是顿悟），突然意识到并理解你看到的人物内心，以及内心与人物的外在行为之间的关联，可以彻底改变你创作引人入胜的人物的能力。

这是巨大的改变。一旦完全弄懂这一点，你就准备好将写作提升到一个新的水平吧。

这既关乎认识到并用语言表达出这种难以描述的对象的本质，同样也关乎文学直觉或经验的偶然机遇。结构也是如此，驱动结构的故事力学亦然。

要有人物刻画

要想完全领悟人物刻画的细微差别，首先要掌握这些基本要素，而基本要素本身总是充满着挑战。这个顺序没有商量的余地。

在我此前的写作指导书中，描述了人物刻画技巧的七个方面：背景故事、内心的矛盾、外部冲突、人物弧线、人物刻画的三维空间（加入很多微妙和细微差别），这是人物刻画的七个方面，都围绕作者给主人公设定的旅程、探索或需要的语境。后者正是“让你的人物有事可做”的部分，给人物提供展现自我的舞台。

这是人物入门课，这门课我们永远也不要认为自己毕业了。要刻画出引人入胜的人物，你必须更加深入地挖掘，如同立意。在你塑造人物时，最好脑海中就已经有一些引人入胜的东西。

将读者吸引到故事中、立刻理解并支持人物（或者憎恨她，这由你决定），最吸引人的方式，也是使故事有机会获得成功的最佳的方式，就是展示出人物对你为其设定的旅程的感受与反应。

这意味着人物将活生生地出现在此时此刻，出现在未来的道路上。这是主人公的人性，无论好坏：她的观点、恐惧、感受、判断，以及内心对此刻的反应。作家通常会依靠背景故事，来展现人物格局，但这只是一个机会。进入人物内心的更有效的窗口，是让她通过自己的行动展现出来，做出反应。

通过行动来展现的方式，远远超越了通过人物话语、行为来展现的方式。

掌握这种出色的人物刻画技巧的作家，不仅仅在向我们展示正在发生的事情。他让我们在事情发生时，进入到人物的内心，使我们可以对某个给定的时刻、某个情境进行解读（或产生误解），并做出情感上的反应，评估、恐惧、反对或逃离，抑或形成我们的看法。

简单而言，这就叫作“视角”，与主人公共鸣的力量由此产生。

但是，这是一种“知情”的视角，因为我们被告知在任何给定的时刻世界的感受，以及人物对这一时刻的解读。如此一来，我们会立刻产生共鸣。

此处的关键词是“解读”，这超越了简单的人物刻画，从情感、分析和社会学的视角，将主人公与读者的思想完美地结合起来。

做得好的话，这就是人物刻画的灵丹妙药。共鸣带来支持，这是作家在主人公与读者的关系中所能成就的最有力的事情。

这就是重点所在。

15 更深入的替代性体验

读者借此搭便车。

能发现一个优势很好。但是，有时优势很难发现。

从你已经掌握的讲故事的窍门、技巧、原则和策略的巨大财富中淘到金子，这很罕见。然而，一旦你知道了金子是什么，它就随处可见。一旦你认识并理解了它，你就会看到它将如何提升一个故事的水准，使之得以出版、登上畅销书排行榜、搬上银幕。

任何体裁，任何作家，任何故事。

我即将揭示一块文学写作金子，它的核心好处就在于，它几乎可以使任何故事作品变得更好，即使在一个故事的背景并不重要的作品中。有时，恰恰是这个小小的技巧，使得故事成为最后的大赢家。

作家所要做的就是认识到它的力量，并且围绕它构建故事，将这一要素最优化。

这个要素就叫作"替代性体验"，它是最重要的、潜在的故事力量之一，它赋予小说和剧本以力量、分量和影响。我们在此前已经描述过，在故事案例中也见过，很容易将它联系起来。现在，让我们再围绕目前的焦点，进一步深入探讨：如何寻找到可能的最佳故事。

替代性体验要么通过背景设定传递，要么通过社会、文化或关系动态机制传递。根据定义，替代性体验指的是将读者带到另一个地点、时间或情境，例如：

1. 他们在现实生活中无法拥有，或者可能永远也不会有的经历。

2. 令人兴奋、好奇、充满危险和刺激或者值得的经历。

3. 禁区或者不可能的经历。

4. 因其他原因而具有内在吸引力的经历，比如，“这是一个真实事件”。

参考以上，这可以翻译为：

1. 死后的故事，历史故事，超自然故事。

2. 竞技场故事（梵蒂冈、腐败的律师事务所、毒窟、美国职业棒球大联盟办事处、天堂或地狱），探险故事（克莱夫·卡斯勒）[①]，黑社会故事（《教父》），关于风暴、山川、沉船的灾难故事，阴暗的爱情故事，监狱故事。

3. 鬼故事，毒品实验室故事，腐败的警察故事，推测性小说[②]。

4. 社会事件驱动的故事（《相助》），真实的故事，战争故事，历史事件的故事，等等。

替代性体验如此常见，以至于常常被人们视为理所当然。

每一个故事都是在戏剧舞台上的展现。你必须要认识到使这个舞台变得更加引人入胜的机会在哪里——既支持你的故事，同时本身又是一个单独的焦点，是使人痴迷的来源。这是构思故事和凭直觉创作故事两者遗忘的“继子”，而实际上，替代性体验可以使得这两个过程中的任何一个都变得强有力。

---

① 克莱夫·卡斯勒（Clive Cussler），美国当代顶级惊险小说大师，美国惊险小说协会主席，世界著名畅销书作家，同时也是一位海洋探险家。

② 推测性小说（speculative fiction），包含各种幻想类题材小说的概括性术语，包括超自然小说或包含未来元素的小说，尤其是科幻小说、奇幻小说、恐怖小说等。

例如，背景设定在爱达荷州的乡村的一个爱情故事。这个故事几乎完全依靠人物，因为没有人真的好奇在双子瀑布闲逛的经历是怎样的。但是如果这个爱情故事设定在其他背景中，比如白宫、修道院、专业运动队、太空飞船、另一个星球、死后、一流的好莱坞天才经纪人或工作室……我想你已经明白了。同样的爱情故事，更好的背景设定，只是间接到达那里就已经很值得。这个背景本身对读者充满吸引力和回报。背景成为发生的一切事情的潜台词，而爱达荷州的潜台词是“炸薯条”①，联邦监狱的潜台词则是“小心你后面!”。

这样一种背景传递了一种替代性体验。我们无法回到1962年密西西比州的杰克逊小镇（我们也不愿意做出这样的选择），但是在《相助》中，我们可以回到那里，这个故事用生动的潜台词，使得故事主题十分有力。

当你将故事设定在一个能够传递替代性体验的背景中，当你为故事设定的时间、地点或背景本身很有意思，且自然而然，你将会得到读者的回报，整体效果将超出部分的总和。

有些故事几乎完全就是有关这种替代性体验的。

还记得前面提到的《壮志凌云》吗？基本算是一个相当平淡无奇的故事。正如我之前所说的，我可能因为提到这个故事而被抨击，但是无论好坏，它都是一个典范。它会让我们置身于喷气式战斗机的驾驶舱中，结果带来了10亿美元的票房收入。

或许你已经不止一遍地看过它，但是你也许没有认识到它是如何有助于提升读者的阅读（或观看）体验的。

永远不要再这样。这也是为什么作家们在看书或看电影时都要瞪大眼睛，每一处都要关注，即使是“为了娱乐”。作家没有一天假期，

---

① 爱达荷州最主要的农作物是马铃薯，是美国马铃薯的主要产区之一，产品供应全美各地家庭的餐桌，被誉为美国的“土豆州”。

因为，他们总是在研究生活，有时还要通过别人的眼睛去研究生活。

现在，让我给你展示一下。

最近（本书写作时）新出了一部很火的小说——克里斯蒂娜·爱尔杰的《达林家族》（*The Darlings*）。这是一个成年人的故事，背景设定在 2008 年金融危机中，讲述的是住在曼哈顿上东城的一个亿万富翁家庭的故事。评论关注的几乎全都是故事设定的背景，关注故事如何将我们带入这个禁区，事实上，在现实生活中，作者本人就是一位对冲基金大佬的女儿，这使得一切更加刺激。

这就是纯粹的替代性体验。如果同样的故事发生在堪萨斯州的一个奶牛场，它就不会成功，更不会引起轰动。实际上，请注意，在很多主流媒体对该小说的评论中，焦点往往是该故事“将我们带入……世界中”。

不久之前，安妮·赖斯的著作《狼之礼物》（*The Wolf Gift*）登上《纽约时报》畅销书排行榜第六位。这本书讲述的是有关狼的故事，属于奇幻小说，但是，正如赖斯所有的小说一样，它给我们带来了替代性体验，使我们可以生活在另一个世界中。在这个世界中，这样的生物不仅存在，而且彼此相爱。

《哈利·波特》系列、《暮光之城》、《饥饿游戏》三部曲，这些小说都是依赖于强烈的替代性体验。我们来到霍格沃兹魔法学校，向生者和美丽的死者求爱；抑或生活在一个末日后的世界中，在这个世界里，道德崩溃，隔壁邻居的孩子想要撕裂你的喉咙。这些故事都有人物、情节和次要情节，作者几乎可以将这些故事设定在任何一个地方、任何一个时间，但是，它们传递的替代性经验使它们成为了独一无二的故事。

当斯蒂芬妮·梅尔决定创作一部有关吸血鬼的小说时（很大程度上重构了这个神话），她选择的是传递一种替代性体验。当作家创作故事时，部分原因也是为了自己获得替代性体验，此时故事通常都能很好地诠释到纸面上。

詹姆斯·卡梅隆制作《泰坦尼克号》（*Titanic*）时同样如此。随着泰坦尼克缓缓沉入海底，船上的这种替代性体验成为整个故事的核心吸引力，再加上一些绝妙的数字特效。

在2004年出版的小说《诱购》中，我自己亲身经历了这个。基本上每一篇评论——包括《出版人周刊》（*Publishers Weekly*）的明星评论——都提到，我将读者带入"另一个世界"中，带入硅谷高科技亿万富翁和他们光鲜亮丽的妻子的世界——这是我们任何人都不可能进入的世界，是很多人充满好奇的世界，也是阴谋、危险和私人飞机在等待的世界。

目标是让读者起鸡皮疙瘩

作为一个目标，作为故事力学的一股暴力，替代性体验不仅仅是关于时间和地点的，也可以通过社会和人物动态来传递。就像古老的幸运饼里面的纸[①]，你在每一句签语后面都可以加上"在床上"（in the bed）这几个字，使得签语更有意思，比如原来是"你的运势即将改变"（Your luck is about to change），加上"在床上"之后就变成了"你的运势即将在床上改变"。或是"你看起来很棒，你是（在床上）知道这一点的"，再比如"生活是很艰苦的，而且它会变得更艰苦，如果你（在床上）很笨的话"。你只要将"如果……将会怎样？"放在你的背景或情境的开头，就已经是在传递替代性体验了。

如果嫁给一个连环杀手，将会怎样？

---

① 幸运饼（fortune cookie），又称签语饼、幸运签语饼、幸福饼干、占卜饼等，是一种美式亚洲风味脆饼。通常由面粉、糖、香草及奶油做成，里面包有类似箴言或者模棱两可的预言的字条，有时也印有"幸运数字"等。

如果你的孩子具有超能力，将会怎样？

如果自己突然拥有超能力，将会怎样？

如果生活在外星人统治的世界，将会怎样？

如果生活在外星人被选为总统的世界，将会怎样？

如果被告知另一半有外遇，将会怎样？

如果中彩票，将会怎样？

如果突然掌握了读心术，将会怎样？

如果被困在自己的身体里，动弹不得或无法交流，将会怎样？

如果上天堂或下地狱，将会怎样？

如果直接与上帝对话，通过电子邮件或短信得到回复，将会怎样？

上述问题的每一个答案都是纯粹的替代性体验。这些问题以及无穷无尽的其他想法都是以语境、立意、主题甚至是人物为中心的格局故事，可以在任何一个地方、任何一个时间和任何一个社会体系中展现，这是读者永远不会经历的东西，直到你让他们在你的纸面上经历。

这就是写作的秘密武器，它就在那里等着你。

看一看你的故事，问问自己，你给读者带来的是何种替代性体验。所有的故事都应将我们带出自己的生活，带入另外一种存在中，但是你的背景——时间、地点、上下文或是相关度——是否有助于提升读者的阅读体验，是否以激动人心、引人入胜甚至让人害怕的方式提升？是否带来一种替代性体验？难道单单是这种体验本身就能吸引读者，让读者沉迷其中？

当你明白你选择的力量有多么强大，明白选择会带来怎样的结构时，你就会懂得，你的故事作品的优秀一面由你塑造，因为故事的结果几乎完全植根于替代性体验。

第三部分 过程的力量

16 写作过程的最高目标

终于，我们将达成一致：完成手稿的方法不止一种。

故事创作有着自然的流动。当作家意识到应该在何处、如何运用故事力学，以及随着叙述的展开，如何把故事力学各个要素联系起来时，故事的潜在力量才能最有效地发挥出来。作者的写作过程决定了故事的想法在何时、如何以及多快才能无缝地融为立意，为一个有效的故事丰富有序的叙述做好铺垫。这样，也决定了在何时以及如何运用好故事力学。

自从我开始关于故事格局和故事力学的写作，我觉得自己就如同陷入一场街斗：凭直觉写作与构思写作之间，喷射帮与鲨鱼帮①之间，右翼与左翼之间，好与坏之间。你不会相信，我曾受到过恶毒的攻击——因我提出，还存在一种潜在的、矩阵似的结构原则和审美感受，决定了我们故事的命运，正如上帝透过充满魔法的眼镜，从奥林匹斯山上俯瞰人间。

① 喷射帮与鲨鱼帮（Jets vs. Sharks），典出 1961 年的美国著名歌舞电影《西区故事》。故事叙述了纽约西区两个敌对青年帮派之间的恩怨情仇，一个是由白人青年组成的喷射帮，另一个是由波多黎各移民青年组成的鲨鱼帮，两个帮派不论种族、文化历史背景、价值观等都大相径庭。

关于故事成功的要素，不存在灰色地带，只是关于取得成功的过程，有几度灰色（也许五十度?）。条条大道通罗马，但是，请记住，只有一座城市的名字叫“罗马”，至少在意大利是如此。我们所谈论的力学和工具，可以用于构建任何东西。但是，你不能随心所欲地创作任何东西，然后称之为故事——如果你希望故事得到观众认可的话。

这是我偶然发现的。正如之前引用的关于写正在发生的事情的真理一样，这一点也值得在你写作箴言墙上获得一席之地，请用鲜血书写：

关于写作过程，根据你的故事需要来写。但是，无论你采用何种方式完成，不要无视故事真正的核心。为了让故事取得成功，故事要求你必须做的事情没有商量的余地。

任何一种写作过程的最高目标，就是尽可能地找到最好的故事，并将这一故事写出来。对于那些作品无法出版的作家而言，如果写作过程是你问题的一部分，那么，这个过程应该被单独拿出来，并做出改变。

这意味着，到头来，构思写作者与凭直觉写作者只是作家的两个不同的名字，作家的追求都是一样的：同样的游戏，不同的途径和风格，但是，终点只有一个。

正如很多顿悟一样，一旦澄清，问题就变得简单了。当你认识到了这一点，在你的一声叹息中，这种对立就会像烟雾一样随风飘散，消失得无影无踪。

你可以用一幅蓝图和一台铲车建造一座城堡，也可以一次捧一捧沙子来建造城堡。后者也许更浪漫，当然，这也可能是你搜肠刮肚所能想到的唯一方法，但是这并不能改变以上顿悟的要求。

我相信，你对这些原则和标准了解得越多，你越倾向于通过构思写作，或者至少实时参与故事的寻找过程，而不是一遍又一遍地打草稿，盲目地寄希望于缪斯女神，希望缪斯女神为你指路。或者，至少你要构思好故事的结尾。

无论采用哪种方式，真理和目的地都是清晰的，只是通往它们的道路仍然笼罩在重重迷雾之中。

17 任务驱动的故事创作的变革力量

最强大的写作技巧将以一种好的方式引发一场彻底的变革。

作为一个多产的作家，加上又时常会“大嗓门”地告诉人们写作技巧，我有时会被人问及，自己最喜欢的建议或者最宝贵的写作智慧是什么？我会毫不犹豫地给出答案，我能告知的最有价值的写作建议就是：专注于任务驱动的故事创作原则。

让我来一一分解。

- 任务驱动……在于一个故事包含四个清晰的、按次序排列的、语境分明的部分，每一部分的篇幅相当。每一部分都有独一无二的任务，每一部分的内容都应该根据各自的任务来构思和执行。
- 任务驱动……在于每一个单独的场景都有该场景要努力实现的目标，在作者设定的人物和背景参数内实现，提供叙述内容，推进故事的揭示说明。如果一个场景有太多任务要完成，那么这一场景的戏剧张力就被削弱了。如果一个场景完全跳过故事说明，仅仅刻画人物，或者仅提供一篇关于某事的散文，那么该故事的节奏就会被削弱。这是未能出版的手稿中的一个十分常见的错误。

还要注意的是，戏剧张力和节奏是故事力学中的两个最有力的要素。这也让我们意识到，所有这些都是相互关联的——任务驱动的故事创作致力于将故事力学最优化。

归纳起来就是：对于故事中的每一幕场景，都要提一个问题："这个场景主要的、单独的说明任务是什么？"如果你很难回答这个问题，抑或你的答案不止一个，那么，这一幕场景很可能有麻烦。当这种情况在故事中持续发生时，整个故事已经被贴上死亡标签了。若你可以在场景写作之前，就问一下这个问题，并且很好地回答这个问题，这就像在起飞前提交飞行计划，你成功的几率将以指数形式增加。

任务驱动的上下文适合于任何过程

凭直觉打草稿的作者，在写作时缺乏一个清晰的故事规划，这会带来两方面的风险。成功的打草稿写作者已经掌握了这种根据上下文、任务驱动的原则，这使他们能够专注于以正确的方式、在故事中正确的时间进行正确的说明。作者也许要打几遍草稿才能够弄明白怎样说明，但是他知道，要想故事取得成功，就必须这样做。

构思写作者在打草稿之前就开始了任务驱动的写作。实际上，场景的任务是落实到纸面上的最高愿景。他们朝着这一任务写作，以最佳的、最愉悦的、最艺术的方式塑造场景，使得场景能说出它需要说的话，如此而已。

任务驱动的写作运用于多个层面。它使得宏观语境（整个故事）成为连贯的叙述，使得故事主线干脆利落，有关联性，避免了不必要的随意落笔。通过理解每幕场景所必须传递的特定的说明性信息，以及该场景与后续场景的联系，使得每幕场景最优化，也使得作家可以在潜台词中分层推进，包括主题、人物弧线和次要情节，而不会让这些目标淹没在该场景的核心目的中。

在你获得回报之前，需要先做好布局。

在你让别人投入之前，必须先作出承诺。

在故事之前，必须先有冲突。

让任何人在乎故事之前，必须先有利害关系。

让所有这些在你的故事中运转起来，这是故事第一部分的任务，即前20％～25％的任务。如果你做得正确的话，你会需要这么多篇幅。

从第一部分的“布局”到第一情节点，整个过程也许会让人困惑。对有些人而言，这听起来像一个疯狂的流氓编剧试图硬塞到小说家喉咙里的东西。作为身兼三职的人——编剧、小说家以及一个彻头彻尾的疯子——我向你保证，对于小说和银幕而言，这是同样有效的想法。

至关重要。

故事通过四个基本的部分展现

有人说是三个部分（例如，在电影行业），但是，因为这一部分的篇幅是相邻两部分中任意一个部分的两倍，这一模式的中间部分可以分为两个单独的任务，因此划分为四个部分实际上更为准确。

此处的关键词是“任务”。

就上下文而言，四个部分中的每一部分都有一个不同的任务。这意味着，每一部分的场景都应该与该部分的任务保持上下文的一致。因此，该部分的场景与其他部分场景的语境是不同的。理解这一点至关重要。因为，一个知道自己在做什么的作家，与一个假装知道或者模仿自己读过的小说并称自己了解如何写作的作家，两者的区别正是这一点。

四部分的任务顺序是根据故事创作的本质而定的。如果你随意打乱顺序，那后果请你自负——你的故事不会成功，直到它与这一语境顺序吻合。

第一部分叫作“布局”

这一部分包含悬念，一个或多个引发性事件，介绍主人公，埋下伏笔，种下叙述种子（包括次要情节），确立语境、舞台、背景、时间和风格。

故事开始的四分之一的任务是使读者通过与主人公产生共鸣，而投入到故事之中。而能否产生共鸣，则取决于能否建立利害关系，以及故事核心是否有一个清晰的戏剧问题。

比如，这件事是谁做的？会发生什么事情？结果会如何？如果我（读者）继续读下去，我将会经历什么？这承诺了另一个问题的答案：我为什么要在乎这个故事？

在第一部分“布局”的最后发生的事情被称为“第一情节点”，它的出现是故事中的一大转折点，因为它标志着第一部分的结束与第二部分的开始。

同样不要打乱这个次序，而要学习这其中的意味，了解你处于使得故事行之有效的领域之内，你会发现随之而来的创意自由。

一旦你明白了这一点，你会看到，在每一个已发表的故事作品中，第一情节点都在发挥作用，无一例外。这就如同一扇帘幕为读者缓缓拉开，邀请读者进入后台，与作家一起闲逛。

为什么这会使人感到困惑

因为这些术语可能会使人困惑：引发性事件与悬念，引发性事件与第一情节点，叙述说明与人物发展，戏剧张力与情节。时光倒回，当第一代讲故事者围着篝火和牦牛骨架编故事时，“修辞”这个词的发音只是无休止的絮絮叨叨。而现在，无知的作家听到的仍然是这个。

不要成为那样的人。

让人更加困惑的是，悬念可能是一个引发性事件，但悬念永远不可能是第一情节点，第一情节点位于故事20%～25%的位置上，这对于悬念而言，有点为时过晚。引发性事情（改变事情、注入重要的故事要素的场景）可能是第一情节点，但是也可能出现在第一部分“布局”的中间位置（这种情况下，它就不是第一情节点），甚至可能出现在第一部分的开头，此时，引发性事件就是悬念。

让我们来进一步梳理清楚。

无论采用什么样的描述或标签，在故事的第一幕场景中，或者在故事的前10页中，发生了一些真正引人入胜的情节，这就是悬念，无论事件是大是小。是的，悬念也许是一次引发性事件（发生的事情与即将到来的故事主线有关）……但是这并不是必需的。

悬念可以与情节无关，而完全与人物刻画相关，就像第一页揭示故事的叙述者是鬼，这就是悬念。

当悬念与情节没有关联时，它就不是引发性事件。

然而，如果事件重大，比如在第一页上有人杀了人，丢下尸体，或者在尸体上画上美国国旗，那么，这就是一起引发性事件，同时又是一个悬念。

如果这一事件发生在别的地方，比如说出现在第45页上，这就根本不是悬念，但仍是一起引发性事件，也仍然不是第一情节点——除非它处在第一情节点的位置上。

有趣吗？你以为这些看似严格的模式、原则和结构指南会束缚你、限制你。

事实上，没有它们，你就迷失了；没有它们，你的故事就失败了。一旦你认识了它们，实际上是解放了你自己，让你变得更强大。

理解第一情节点的关键

在第一部分“布局”中，可能而且也应该发生很多事情。但是，不是所有的事情都对主人公有意义、与他有关联，有些事情暂时还没有意义、没有关联。直到第一部分结束、出现第一情节点时，核心的故事、特定的冲突才得以完全显现，具有了意义。第一情节点介绍了你为主人公设定的即将到来的旅程、探索或任务。

这是一切的关键。

你的故事必须赋予主人公一段旅程、需求、探索、任务、要解决的问题、要实现的目标。这恰恰就是你的故事：替代性地分享和揭示这段旅程、需求、探索、任务、要解决的问题，或者要实现的目标。

因此，认真考虑上述的关键在于，要了解一点：主人公的旅程、需求、探索、任务、要解决的问题或要实现的目标，这些都是在第一情节点得以完全启动、展现、运转以及毫无疑问地进行的，是在第一部分“布局”的结尾处，而不是在此之前。

这里有一个十分巧妙的方法帮你梳理清楚

当主人公卷入其中，受到你此前设置的悬念和引发性事件的牵制，进行探索或者受其影响时，这一时刻就是第一情节点。对于整个第一部分而言的第一情节点就是主人公成为故事中的主要角色、突然发现自己陷入困境的时刻，也恰恰是在此刻，你的主人公赢得了自己的明星地位。

在第一情节点，主人公（和读者）突然意识到第一部分“布局”中发生的一切的意味。因为你在第一情节点之前就建立了利害关系，这也是我们（读者）真正投入到故事中的时刻。

在此之前，所有的工作都只是把食材摆在台案上，或是放在罐中小火慢炖，散发出诱人的香味，吸引着我们。但是，它还不是一道可以享用的大餐，直到你在第一情节点将它端上来，呈现给读者。晚餐就绪，故事终于启动，由此全面展开。当你把此处与主人公即将到来的旅程、需求、探索、任务、要解决的问题或要达成的目标相关联时，故事就开始了。

如果还没加热肉汁，就将土豆端上桌，你的晚餐就完蛋了。

在《达·芬奇密码》中，博物馆里发现一具尸体。这是悬念吗？是的。

是引发性事件吗？是的。但是，这一事件还没有同故事为主人公设定的核心旅程、需求、探索、任务、要解决的问题或要达成的目标相联系。这只是布局，还没有任何意味，至少是对将要展开的故事而言。这些只是后来才会发挥作用的要素。这一语境——尽管出现得很早——意味着，此时还不是第一情节点。

读者得知，警察打算将此案归罪于无辜被召来协助调查的主人公身上，故事张力进一步加剧。我们可以闻到正在煮着的食物的香味，它的名字就叫作“故事力学”。

但是，这是第一情节点吗？

不是，仍然不是，这只是一起出色的引发性事件。因为它还没有与主人公相关联（即使我们看到即将产生关联），它也没有点燃、发动或决定主人公的旅程、需求、探索、任务、要解决的问题或是要达成的目标。

开始在你阅读的故事中留心这一点

同样，在你观看的电影中也要注意到这一点。实际上，在大多数电影的预告片中，你会看到第一情节点，在此之前有一个第一部分“布局”的快速梗概：

> 这是琼斯一家，普通的美国家庭……有两个孩子、一条狗，还有房贷……直到有一天家庭崩溃，妻子被她的前夫绑架，新婚丈夫不得不与美国联邦调查局、美国中央情报局以及匪徒对抗，将妻子营救回来。

实际上，主人公也许会在第一部分开始一段旅程，但如果是这种情况，我可以打赌，这个旅程不会是即将到来的核心故事线，它必然会改变、演进，获得更深的意义和利害关系，这些都只是布局的一部分。

直到它不是布局，直到改变一切的故事节拍到来——基于地点、时机和任务——这一时刻通过揭示主人公在故事世界中真正的旅程、需求、探索、任务、要解决的问题或要达成的目标，赋予故事意义、方向、推力和利害关系。

这是大多数经验不足的作家容易搞砸的地方。他们将核心故事隔离开来，或者进入得太快或太慢。发生这种情况时，故事力学就已经“受伤”了，是时候回到四部分故事格局原则了。好好照顾它们吧，使它们恢复到最佳的健康状态。

18 任务关键型的场景写作

我们一起来看看，当其他因素都行之有效时，哪些要素决定了我们故事的成败，以及它们是如何决定的。

有两个单词从电脑编程世界进入小说创作词典。（实际上有三个，如果你把“格局”（architecture）这个词计算在内的话，“格局”一词是由电脑极客先驱们从建筑行业借来的，用于描述设计语境中的编程。）这两个高科技词汇就是“范式”和“最优化”。

具有讽刺意味的是，程序员（和作家）努力使之最优化的正是“格局”。至于“范式”，即为任务或要素围上栅栏的假设和期待的框架，一切都取决于你根据何种范式工作。

正如饮食和药物，所有的范式都是不平等的。

共和党和民主党——不同的政治范式；小说和非虚构作品，每个层面都不相同。构思写作者与凭直觉写作者，两者的差异没有你想象得那么大（两者都是对故事的探索），但是它们被视为不同的“过程”范式。

最优化就是使事情尽可能达到最佳的状态，给定其用途、语境和任务。后面附加的说明对于我们理解最优化目标至关重要。有时，轻声细语是最优化的纠正工作，有时只是微不足道的东西。这也是为什么上下文语境对于理解最优化目标如此重要。

电脑极客们从计算机领域拿来、运用到企业软件中的，还有第四个术语：任务关键型。如果关键任务没有成功，一切将毁于一旦。

这就是我最喜欢的写作技巧。

如果你没有完全了解故事的方向，你不可能将故事场景最优化。你可以写场景，或者将它们串起来，但是在你澄清它们的目的之前，它们只是当下最好的猜测。当作家声称可以在初稿中以线性顺序通过一个接一个的场景将故事最优化，通常是以下三种情况之一：耐心、天才、作品最终未能发表。请相信我，如果这一过程的结果是小说或剧本得以成功发表——这种事确有发生——那么，肯定是故事作品经过了大量的修改。我的观点是，通过理解这些原则（随着时间的推移，它们将你引向故事构思，至少构思会成为你写作过程的一部分），你可以减少需要打草稿的次数（实际上，可以减少到一稿或两稿），以及开始和结束之间的时间。

任务驱动、任务关键型的场景构建和执行是决定故事成败的关键技巧。你可以像一个疯狂的天才一样去构思故事，但如果你不能以专业的水准将场景写出来，那么，所有的构思都会崩塌，成为一堆未能实现的想法碎片。

构思是创作一张格局良好的蓝图。成功的构思指的是根据出色的故事力学将任务关键型的故事节拍最优化，这些节拍包括悬念、第一情节点、第一关键点、中间点、第二关键点、第二情节点和高潮的场景等。场景创作是将锤子、钉子和干墙，在大师级工匠的精湛技艺下有效组合起来。如果没有一张严密的蓝图，就如同把花岗岩和樱桃木灶具做成一顶帐篷。

这就是为什么场景设置是至关重要的六大核心技能之一。

如果没有融入主题构思的语境任务，这样的场景设置总是充满风险的。没有任务的结果往往是场景不能推动故事向前发展，或者因为偏离主线、或者因背景故事过度紧张，使得故事叙述暂停下来。使事情变得更复杂的是，场景有不同的类别，分别有不同的语境任务，因此，就有了不同的形式。

开篇场景与说明性场景读起来是不同的，说明性场景又不同于转折性场景。转折性场景又不同于在故事中有着独特、重要角色的场景（比如闪回，幕后的剪切，第一人称反思，等等）。在很大程度上，这些差异取决于对故事四个不同语境的理解（这一点在决定每一部分的语境时大有帮助，详见本书第22章）以及给定的场景前后所发生的事情。

如果一幕场景只有人物刻画，而对故事的说明推进毫无帮助，那就说明这幕场景设置得不好，没有实现最优化。当你为人物刻画添加叙述性说明时，该场景就有了一个任务；当你在一幕单独的场景中加入两个或三个任务时，该场景的力度和清晰度就有被削弱的风险。詹姆斯·帕特森是这方面的大师，一幕场景、一个任务，已成为当下广为接受的、有效的场景写作模式。

将每一幕场景设想成PPT报告中的一个框架，只有一个着重符号的信息，那就是任务。在现场报告中，关于这个框架你想说什么，就是你要插入节拍表或列入大纲里的内容，或者，如果你可以一直记在脑子里，这就是你在实际场景执行中要加入的内容。

问问自己：这幕场景需要完成什么？它为什么在这个位置？如何推动故事向前发展？哪些地方有趣或者能引起读者的情感共鸣？这幕场景的冲突是什么？潜台词是什么？

有时，故事中的一个关键时刻要求有一幕微戏剧，本身就具有相当大的戏剧力量。重大时刻当然需要重大场景，通常还需要有场景作初步布局。有时，场景快进快出、干净利落。这一切，都由你自己决定。但是，无论哪种情况，当你从任务驱动的角度去构思和执行场景时，你的场景最能行之有效——最优化。

一旦你了解了每幕场景的任务，下一步就是为这幕场景构思一个创意处理方法，使用故事力学的力量将场景彻底讲清楚。这一处理方法应该使得场景有效——令人恐惧，充满戏剧性、多面性、神秘性，有影响力，性感，凡此种种，都是为了最佳地实现自身使命所需要实现的东西。这也是写作艺术，作家对这类最优化的创意处理有着本能的感觉。

你对故事的宏观图景以及支撑它的原则越了解，你接近或获得这种直觉的创意解决方案的速度就越快。

有效的场景设置的原则

尽可能在最后一刻进入你的场景。实际上，只有当你理解了场景里的任务，明确了场景要传递给读者的重要的核心说明信息时，你才有可能做到这一点。

场景的布局是必要的吗？有没有无关的闲聊、寒暄或者窃窃私语？有没有不必要的人物刻画或者不必要的背景故事？对地点和人物的描述是否是实现任务所必需的？你是否给予了读者足够的信任，相信读者自己可以看到并理解这一时刻，而不是将显而易见的或者平淡无奇的文字直接扔给他们？

你对故事的挖掘越深入，这类细枝末节的问题就越少。不要做那些不必要的描述，即对于读者凭直觉能理解的东西，不要赘述。不要描述咖啡机是什么样子，即使在某个场景中确实有咖啡。请相信我，这些情况只存在于你看不到的那些未能发表的手稿中。

切中要害，开始行动吧。记住，大道至简，少即是多。

如果你的故事倾向于更加有文化修养、人物驱动的类型，这些规则仍然适用，但是有着不同的表面装饰。如果你的文字无助于揭示一个任务和目的，即与任务和目的无关，那么，这些文字就应该精简或者重新考虑了。

使你的场景成为戏剧理论的缩影。场景应该将故事力学直接运用到该场景的任务中。如果有重大披露，则引向它，然后在这幕场景的最后一刻给出关键一击（对该场景的核心任务的关键揭示），这被称为“短兵相接”，促使读者进入下一个场景，了解更多详情。

很多场景有布局（此前的上下文）、冲突和解决。有时，这些要素是暗示的，没有呈现出来，如何实践由你自己决定。一个伟大的场景提出一个戏剧问题，在某种程度上，也回答了一个戏剧问题。你需要知道，过度描写一幕场景无异于节奏杀手，要相信读者有跳跃思维的能力，作者只需要解释那些需要解释的。

回到写作入门——可以的话，要展示，不要叙述。这个原则十分灵活，需要有技巧性地加以运用。但是不要把所有事情都展示出来，因为并不是所有的事情都需要落在纸面上。替代性旅程（故事力学的一个方面）的言外之意就是允许读者通过自己的参考框架想象出故事的背景和情境。

19 用九个坏句子描述你的故事

我们一起来看看，你对自己的故事作品了解多少。

这只是个练习，不要惊慌。深呼吸。我并不是主张让你写坏句子，不是建议你把自己的孩子直接扔到游泳池的深水区，通过这种方法来教他们游泳。这属于语法暂停，帮助我们强调要让读者了解我们的故事。这是一个工具，就像歌手练声（吊嗓子）一样，没有人会注意听。

任何一个故事都可以浓缩为九句话。

实际上可以浓缩为一句话，但是九句更能完整地展现故事的结构，尽管我们是在一万英尺的上空俯瞰。在你故事创作的任何一个阶段尽管去试，或者将这一练习运用到你最喜欢的小说中。它在为你指向故事格局的同时，也会测试你对故事格局的了解，这是这一练习的要点。

你在创作一个故事或是完成一个故事时，都可以使用这个方法。这算得上是一种严峻的考验。如果你完成这个练习有困难，那么，你的故事可能就会陷入麻烦。

练习的目标不是为了完成故事，而是为了使故事最优化，使故事在你的立意的语境和限制下尽可能地达到最优。

顺便说一句，这九个句子不是故事创作的第一步，至少不应该是第一步。故事创作的第一步应该是确定一个想法，接下来的目标就是将这一想法扩展为一个立意，再通过这九个具体的句子将立意展示出来，每一个句子都有其特定的任务。

如此一来，你就搭建了整个故事的结构。

此处的数字九不是随意的。稳定的故事结构有五个重要的转折点，通过四个部分展现，算一算：一共需要确定九个具体的转折点、本质和不同的语境或潜台词，并将它们分解为单个的场景处理。

将这九个句子扩展为更多的句子，每个句子最终描述了故事中的一幕场景，此时，练习真正的价值才会显现出来。到了那时，你就准备接受祝贺吧——你刚刚写下了整个故事大纲。

以下是你要构思的九个句子

1. 悬念。
2. 第一部分的说明（布局）。
3. 第一情节点。
4. 第二部分的说明（反应，旅程开始）。
5. 中间点。
6. 第三部分的说明（主人公变得积极主动）。
7. 第二情节点。
8. 第四部分的说明（主人公成为……的催化剂）。
9. 结尾或问题得以解决。

浓缩为九个句子的《饥饿游戏》

注意四个部分和五个转折点的名称。

这很重要，因为这些句子需要以特定的顺序排列，瞄准特定的内容……都需要涵盖。现在开始：

1. 悬念：在第一章中，我们见到了凯特尼斯和她的家人，之后，我们看到了她的妹妹波丽姆在第 12 区的收获节上被选为贡品，接着凯特尼斯（我们的主人公）走上前去，自愿代替妹妹参加游戏。

2. 布局继续（布局是故事的第一部分，是整个故事篇幅的前 20%），这些场景向我们展示了凯特尼斯的生活，包括她在丛林中生存的技巧、与家人告别的过程。接着凯特尼斯乘车前往凯皮特，与来自 12 区的另一个贡品皮塔在指定的导师和看护者的指导下接受训练，为游戏做准备。

3. 在第一情节点，故事发生改变（节奏更加紧张），此前，凯特尼斯对于她与皮塔搭档假扮情侣的策略犹豫不决，而此时的她似乎接受了这一战略联盟，他们成为游戏中的合作伙伴，从而联系在一起，二者的关系也成为潜台词下的故事弧线，成为他们希望的来源。

4. 在第二部分的场景中（我们的主人公对这一新确定的探索或旅程的反应），我们看到凯特尼斯华丽地完成了自己最后的准备，引起了观众的注意。接着，真正的游戏开始了，凯特尼斯险些被杀，她逃入丛林中，躲避着其他人的追逐，寻找庇护所与水源，她发现皮塔正与追她的那伙人在一起。

5. 中间点，凯特尼斯从一个四处游荡、潜在的受害者转变为一名斗士。她利用致命的蜂窝，对等待杀掉她的贡品们发起攻击，她开始与可爱而聪明的贡品露露结盟。

6. 在第三部分的场景中，凯特尼斯与露露合作，逐渐从蜇伤中恢复。蜂蜇使她产生了幻觉，她觉得实际上是皮塔帮她逃跑的。凯特尼斯护理着伤口，同时酝酿计划，准备攻击活下来的那伙贡品的物资贮藏处（这伙人包括皮塔在内），计划成功了，但是露露却死了。

7. 在第二情节点，严重受伤的皮塔与凯特尼斯重聚，他们和解了，他们的关系似乎成为真正的情侣之间的爱慕关系，这是他们活下来的最好的机会，也为故事的结尾做好了铺垫。

8. 在第四部分的场景中，凯特尼斯和皮塔寻求庇护，以便让皮塔安全疗伤。凯特尼斯留下皮塔，只身前往大赛组织者安排的“馈赠”，差一点送命，幸好与露露来自同一区的另外一个贡品救了她（作为对凯特尼斯的感谢，感谢她对露露的照顾）。接着，他们接到通知，游戏规则改变，大赛允许来自同一区的两名贡品同时活下来，赢得游戏最终的胜利。杀人变异狗被释放出来，一路将他们追至宇宙之角，进行最后的生死对决。他们必须逃脱。

9. 在故事的结尾，凯特尼斯与皮塔成功逃脱了变异狗，在与孤身一人、最邪恶的贡品的终极对决中，他们活了下来，并被宣布为第74届年度饥饿游戏的获胜者，被带回凯皮特康复庆祝。但是，故事突然急转直下，导师警告他们，总统对他们很不满，觉得他们一同赴死的约定让凯皮特蒙羞，让游戏蒙羞，他们还没有完全脱离危险（为续集作铺垫）。

好吧，这是公认的一些重要的、丑陋的福克纳式的句子，为了快速概括故事（特别是从一个已经完成的故事逆向思维时）。但是，它们开始是作为简短的句子或者节拍表中的项目，发挥着占位符的作用，直到作者更好地理解某一个特定时点上将会发生的事情。

这个工具可以为你扫除故事创作路上的障碍

它可以成为你故事开发的主线，相比修改故事草稿，修改它来得更容易、效率更高。它之所以行之有效，是因为它能迫使你去思考故事的主要组成部分，为你具体的场景设置打开大门。这也是故事力学方面的一个练习，实际上这是关键场景序列的收官阶段。

我建议，在你开始动笔之前，用这九个句子来充实你的故事。如果你不能通过这种方式创作（成千上万的人告诉我，他们做不到，你也许是其中之一），那么，就用这个练习来帮助你，使得凭直觉设置的场景序列与故事最优的通用型结构保持一致。

你可以将你的故事浓缩为九个句子吗？涵盖四个部分（布局、反应、攻击和解决），由五个主要的故事转折点分开（悬念、第一情节点、中间点、第二情节点、结局）？

试一试，结果会让你感到惊讶，如果你不是对已有的东西感到惊讶，那就是对你清楚了解到你还没有的东西感到惊讶（或位置错误），这同样有价值。

一旦你写下这九个句子，将人物弧线和上下文语境、主题潜台词与充实这些句子的具体场景整合在一起，你就准备就绪了。

问一问苏珊·柯林斯，她肯定会赞同。对于《饥饿游戏》而言，其商业表现令人赞叹。

20 节拍表

> 让故事创作蓝图成为你前进的指南，而不是阻碍。

本章标题中的“节拍”指的是表面意思，至少从音乐的角度而言（而不是从其他角度，比如拳击）。我在此处谈论的是故事节拍——故事中的时刻，或是将故事向前推进的说明，最好以单独的场景呈现——起初以项目符号、句子片段或者描述性的话表示，可以写在任何材质上（比如，黄色便利帖，或者钉在墙上的索引卡，抑或是几页打印纸，用透明胶带从地板贴到天花板）。

这些纸上包含了你的故事，一次一个节拍，这被称为“节拍表”。你可以作各种各样的变化和调整，写在各种各样的材质上。我最喜欢的方式是，在 Word 文档里简单写下数字 1～60，每一个数代表一个故事节拍。

每一个故事节拍以一个单词概括的任务或者一个项目符号标记的短语开始。

接着，这个任务或短语变成一个句子。

句子变成一个段落。

段落变成一幕场景，然后将故事节拍最优化。

每一次这样的重复都在向场景的任务推进，要么是通用型任务

（如“男孩遇见女孩”），要么是特定型任务（如“男孩在体育场的停车场里，撞到了女孩的车子”）。

你的节拍表是你的故事构思的骨架。你可以直接根据节拍表写出一稿，或者不断地扩展它，使之成为一个丰富的故事提纲。或者在极端的情况下，使之成为故事的草稿本身。

节拍表上最初的通用型项目

无论你是从 1～60 的空白数字单开始，还是从一系列的 60 个空白的便利贴上的笔记或是 3×5 厘米的索引卡开始，都应该在五个地方插入通用型任务。

第 1 幕场景，写“悬念”。

第 12～15 幕场景（随便选一个，此时没有关系），写“第一情节点”。

第 30 幕场景，写“中间点”。

第 42～46 幕场景（随便选一个，此时没有关系），写“第二情节点”。

第 60 幕场景，写“结局”。

现在，你已经有了一个框架，可以根据这个框架创作场景。在某个时刻——越早越好——你将为这五个节拍加入具体的场景内容，进行具体处理，突然之间，你就已经在构思整个故事了。有了这些场景，你就会发现自己自然而然地在想象它们之间的场景，即结缔组织。

你可以将节拍表的卡片（或数字）分为四个部分，每一部分大约包含 15 个节拍。这样做的好处是，方便你删减、增加，或是转换，或重新再来……这远比在实际的草稿中更好操作。

填满这 60 幕场景之后——到那时，可能总共是 41 幕或是 88 幕场景，因为最终决定这个数字的人是你；你只要确认，这四个部分各自的百分比接近最优的篇幅吗？这是终稿了吗？不是。结构很好了吗？是的，如果你在完成之前不放弃的话。

从这一刻开始，实际的写作与草稿的修改，都是纯粹的、幸福的、向上的，而不是漫无目的地去寻找故事。

这就是节拍表的目的。

以下是节拍表的样子。如需打印版，请登录网站：writersdigest. com/story-physics-beat-sheet。

节拍表——灵活的故事模板

第一小节为故事设定一个方向和连贯的叙述。将这部分内容填满，你会发现你的脑海中浮现出具体的场景。

下一步就是场景。

模板中的每一个空行都代表一幕场景。填满它们，你的故事就初具雏形。有两种填写方式：（1）填写该场景的一个叙述任务（比如，主人公与恋人的初次相遇）；（2）填写该场景的叙述内容（比如，鲍勃和雪莉在聚会上的偶然邂逅）。

立意悬念/吸引力：______________________________

____

主题：______________________________

____

贯穿的主线：______________________________

____

第一部分　布局

1.1 ______________________________

1.2 ______________________________

1.3 ____________________

1.4 ____________________

1.5 ____________________

1.6 ____________________

1.7 ____________________

1.8 ____________________

1.9 ____________________

1.10 ____________________

1.11 ____________________

1.12 ____________________

1.13 ____________________

1.14 ____________________

1.15（第一情节点）____________________

21 更强大的故事

我们瞄准的是故事力学的全方位最优化。

有些作家将“有力量”的写作等同于“有才华”的写作，换句话说，等同于认为作者有描述的天赋，会用大量很酷的形容词，偶尔会用副词。但是，这不是有力量的写作，而只是华丽辞藻的堆砌。如此做法，通常是菜鸟所为，可能会表现为用力过猛。我们什么时候看到过在一本出版的故事书中充斥着这样华丽的辞藻？很罕见。

为了完全理解“有力量的写作”的真正意味，我们必须要了解其中的区别，这样当它朝你迎面走来、与你擦肩而过时，你就能够认出它。我们应该明白，力量与句子的关系，就好像美好的外貌与正直、智商的关系。(你见过爱因斯坦或者金・卡戴珊的照片吗?)

两者兼而有之很好，但是只拥有文采并不能使你的书成功出版。之前，我提到过一位经纪人，他声称，只要看看书的第一页，他就知道自己是否想要出版这本书。如果真是如此，那事实是他很容易被书中的文采所诱导。当然也有可能，当他看到第 50 页时，他会改变他的想法。在小组讨论中，这听起来没有那么紧张（这也是类似场合中出现的问题——太多的笼统归类、对立，或者一次性讨论，没有任何一种观点是绝对正确的）。

让我给你讲述一个例子——一个充满力量的时刻。

在电影《我家买了动物园》(*We Bought a Zoo*)的预告片中，马特·达蒙对挣扎中的儿子说了一句话，在我看来，这句话堪称最有力量的话：

> 你需要的不过是 20 秒的疯狂勇敢，我向你保证，一定会有奇妙的事情发生。

天哪，我真希望我的父亲也对我说过类似的话。我真希望，是我先想到这句话并运用到我的作品中去。

这句话只有一个形容词。当我听到这句台词时，我目瞪口呆（预告片中常常会有这样令人惊艳的台词）。作家都应该努力写出这样的台词。这句话之所以充满力量，是因为话语本身的意义，而真理与简单的文采迫使你去注意它。

简单的修辞胜于华丽辞藻的堆砌，通常都是如此。

力量不在于你所使用的形容词，而在于作品本身的影响力……潜台词、相关性、启示、反讽、澄清、真相、内心、灵魂……令人心酸的时刻，去除伪装后的真实。

另一个例子

上亚马逊网站，读一读科林·哈里森的小说《曼哈顿夜曲》(*Manhattan Nocturne*)的第一页，该小说最初出版于 1997 年，出版后好评如潮，2008 年再版。请认真研究一下第一段话，这段话的开头是："我售卖伤害、丑闻、谋杀和厄运。"

我相信此处很适合"我的天啊"这个感叹。我在很多研讨会上大声朗读过这段话，普遍的反应是大家默默地张开嘴巴，显示出"哇"的口型。在这段话中，只有两个句子含有形容词，共计四个形容词，但是，它既是描述性的，又非常引人入胜。该书的作者曾被誉为"美国惊悚小说作家中的桂冠诗人”，而这不仅仅是因为他的文笔，更是因为他写出充满力量的作品的能力，这种能力为他稳健的故事情节加油助力。

充满力量的写作无非就是使所有故事力学要素达到更高水平的写作。

力量取决于时机、韵律和相关性

为了尽最大能力写出充满力量的作品，你必须要了解场景的目标是什么——整个故事的主题本质是什么。任务驱动再次成为关键。不要试图使每个句子都值得被引用。如果你用有力的时刻来为你的故事调味，只是偶尔有片刻的乏味，你将为整个故事注入一个有力的要素。

这很难掌握。它是一种感觉、一种细微的差别、一种灵活的触觉。随着时间的推移，你会从内心深处发现它，而发现的开始通常是你看到它时便注意到了它。为了写出充满力量的作品，你需要召唤你内心的诗人、文案、哲学家、最喜欢的叔叔、肯尼迪的撰稿人、亚伯拉罕·林肯，把所有这些都融合在一起，通过对时机的精准把握呈现出来。

不要强迫它，而要去寻找它、识别它，并理解它。然后在你自己的作品中寻找合适的时刻。

你最近写了什么？

如果你期待卖出你的第一部小说或剧本——你写的第一个故事作品——那么，你刚刚使自己变得特别。这种情况几乎不会发生。小说作家这一职业是一个长远的命题。作品发表不是基点，不断有作品发表才是基点。“下一部”是成功作家的咒语。

尽管如此，有一个问题关乎你的职业生涯：你的缪斯女神是驱车在路上，还是在沙滩上等着你？

最近，我和我美丽的继女共进晚餐。她学的是英语专业，酷爱小说。她是那种与能量和启迪有着密切关系的人，密切到让我们惭愧，恨不得躲起来或是去看心理医生。

她有这方面的“天赋”。

在过去的 15 年里，我一直跟她说要写小说。她的生活已经到了某个时点上，可以说，时机成熟了。

我问了她一个问题，问题的含义很有意思：她在等什么？是在期待缪斯突然告诉她时机成熟了，然后将一个故事想法赐给她？还是在等待宇宙力量轻轻地拍着她的肩膀，悄悄告诉她，重大想法已经来临？

她还没来得及回答，我就说，她也许真的是在等待来自她的缪斯女神或是宇宙的启示。我接着说，如果把这个想法完全抛开，看看会发生什么。我提出，假如缪斯女神也在等她呢？等她启动故事寻找模式，只要她表明这个意图，开始撒网，缪斯女神就会迫不及待地登上她的船。

她说，这个想法很有意思，她会考虑一下。

因此，我希望你也考虑一下。

你最近写了什么？如果答案是“不多”，那么，你在等什么呢？

技巧已经在那儿了，是否采用由你来决定。

缪斯亦是如此，重大想法亦然。

重大想法就在那里，可能就藏在一目了然之处，或许比你想象得更近。但是，在你投入这一想法之前，必须要经过一些审查。

“假如？”将这两个字与令你着迷的、恐惧的、对你有挑战的或者向你召唤的东西结合起来，把缪斯女神从隐藏的地方召唤出来，并送上故事力学。对，就这么做，谁知道会发生什么呢？

虽然女神不会替你说话，但是她会仔细倾听。

嘀嗒，嘀嗒……

第四部分　现实写作世界中的故事力学

22　成功故事创作的六大核心技能之入门篇回顾

> 我们将努力追赶进度，特别是当这个模型对你来说是新鲜事物时。

到目前为止，这个词组你已经在本书中见过很多次了：六大核心技能。我喜欢称它们为“工具箱”，六大核心技能指的是在整个故事创作过程中不同的知识和技巧，它们既相互独立，又相互依赖。六大核心技能是由四个故事发展要素和两个执行技巧构成的。每一方面都有各自的标准、可选择的形式与基准点，决定了它们在故事中的表现如何。合起来，它们就成为“想到哪儿写到哪儿，让一切顺其自然”的叙述故事风格的对立面。

对一个故事的有效性而言，六大核心技能的四个要素实际上是至关重要的方面和品质。如果你跳过其中一个，或者其中有一个分量偏弱，你的故事也许就不能发表。这些要素包括：

- 立意
- 人物
- 主题
- 结构

六大核心技能剩下的两个是具体的执行任务和技巧，它们将前四个要素付诸行动：

- 场景设置
- 写作风格

有些作家惊讶地发现，要写一本书，他们需要知道六件事，但是只需要做两件事情：设置场景，并通过句子写出场景。当他们坐在电脑前，把手指放在键盘上，他们所做的一切都不外乎这两件事。

麻醉师只需要做好一件事：在不伤害病人的前提下，将病人放倒。但是，为了成功做到这一点，她需要了解 500 件事。作家亦然：你需要了解四个领域，但只需要掌握两种与此相关的技巧。

这过于简单了吗？不是。在这六个技能里，基本上有几百件事情需要你了解并执行。然而，将它们组织起来，你可以盘点你所掌握的知识，而不是随意地挥毫泼墨，不是凭直觉、靠模仿，或是被某些信仰所误导。

核心技能与故事力学

让我澄清一下——六大核心技能与故事力学的六大要素不是一回事，本书关注的是后者。如果你认为它们是一回事，那就如同把飞机与地心引力当作一回事，或者把冲浪与海潮当作一回事，或者认为炸药与爆炸是一回事。

六大核心技能由工具或者要求使用工具的活动组成，而故事力学是要素，是推动力，是结果的催化剂。故事力学是工具的目标，它使工具变得有用，使它们在第一时间发挥作用。

实际上，两个模型都由六个单独的要素来衡量和描述，这可能会使人困惑，但这纯属巧合。两者指的是完全不同的东西，但是它们是连为一体的，正如飞机与地心引力一样。故事力学的六个基本要素——引人入胜的预设、戏剧张力、节奏、主人公共鸣、替代性体验与叙事策略——是使六大核心技能成为必要因素并且行之有效的潜在力量。这些力量越强大，工具的作用就发挥得越好。

在整个故事的发展和执行过程中，理解了六大核心技能与故事力学的融合，它们就会成为一个完整而有力的工具，表明作家在故事中需要了解和执行的东西。作家现在有六个东西需要放入故事中，相应地有六个放入的理由（推动力）。故事力学是你在运用六大核心技能时可以操纵的六大变量。即使有人使用不同的术语来描述它们——这种情况时常发生——在一个成功讲述的故事中，这 12 个要素都会存在。

这就是学界所知道的模型，一个可以帮助我们清晰了解故事创作的窗口。如果你希望自己真正地了解要创作一个成功的故事需要做哪些事情、需要覆盖哪些领域，那么这两个六部分模型将会给你提供有益的帮助。否则，你最好祈祷，当你伏案落笔时，从你脑海中涌出的东西能够自然而然地涵盖所有基本要素。

在现实世界中，这种“现象”一直都有，甚至是畅销书作者，他们通过访谈诱惑外行人，让外行人相信，他们写作时没有运用故事创作工具和故事力学，而且这是经过实践检验的可靠方法，对每个人都行之有效。好，如果你听信他们的，那我祝你好运。对于每一位仅仅因偶然遇到合适的平衡和结构或是通过直觉或学习（在经历多次失败的痛苦之后）取得成功的作家，他们的背后都有一群作家因为这种方法的缺陷被退稿。

从理论上而言，在没有真正了解你所做事情的情况下，要成功地完成一个阑尾切除术或截肢手术，是有可能的。但是，在这种情况下，更可能发生的事情是有人会因此丧命。上医学院是学习做阑尾切除术或类似手术的更好的方式，因为手术程序极其复杂。写一部有效的小说或剧本同样如此。六大核心技能和故事力学模型正是故事创作领域的“医学院”。

本章旨在为你介绍六大核心技能——或许是再次介绍，如果你已经看过《故事工程》这本书或者浏览过我的网站——独立于本书中引用它们时的语境。这有点像讨论在香料对烹饪美味佳肴产生作用之前，研究它的本质与化学性质。或者，换个比喻，在我们建造大楼之前，最好先了解大楼的基础材料、组成部分——承重结构和审美潜力。

模型的起源

核心技能是我的第一本写作指导书《故事工程：掌握成功写作的六大核心技能》探讨的主题（该书于 2011 年由《作家文摘》出版社出版）。核心技能代表了作家需要了解的诸多事情的集合，归结为六大类，形成六大桶信息。“六”不是有意为之，而是经过我三十多年的研究之后得到的结果。我得出的结论是，在故事创作中的任何东西都可以归入其中一个分类，且每一类都是独一无二的，可以自成一派。

立意不是主题，也不是结构；结构也非立意，直到作家将其立意化；人物不是主题，直到与立意结合；场景不同于宏观立意，但从属于宏观立意；语言只是故事大湖中的几滴水。这些要素中的每一个都有价值，都是必要的，但是每一个既是单独的个体，又需要与其他因素融为一体。

正如一名美式足球四分卫所需具备的技巧：投球的力量、在死角中的步法、视野、速度、主动出击的能力，这其中每一个都是一项单独的技能，都是必要的核心技能。

但是，上述所有技能——速度、韧性、视野——一个八年级学生都可以掌握。一个运动员可以成为任何层面的四分卫：小学、中学、小型学院，D-1 和专业人士。在任何一个层面，优秀与卓越之间的区别就在于，每一个核心技能背后的潜在力学。力量、速度、感觉、决策、创造力、勇气，以及一些无法解释的、特别的东西，这些是决定运动员未来的足球力学。

我们的故事也是如此。我们必须掌握专业水平的核心力学，我们对使核心技能行之有效的故事力学的了解越深入，我们就能越快看到自己的作品摆在书店的橱窗内。

专业入门

为了进行成功的故事创作，需要在故事中有效地发挥六大核心技能的作用。这意味着，作者最好了解每一个技能，既了解它们单独的作用，也了解它们作为整体当中的部分的作用。

要做到这一点，作者需要了解最强的故事力学，并将其运用到其故事创作中，在恰当的地方，以恰当的方式和恰当的笔触加以运用。这些都是对声称这些模型会导致故事创作公式化的人的有力反击。模型中的每一个要素运用的程度都有无数种，由此带来的潜在的结果自然也有无数种。

要想进入出版这个游戏中，你需要抓住这六大技能，为读者呈现一个他们能够感同身受又难以忘怀的故事。但即便如此，也不能确保成功，因为经纪人、编辑、读者决定了何为“抓住”。我们只能尽自己最大的努力，而我们的努力总是因我们的意识与掌握的知识而变得更有力量。

这就是说，抓住它们也许还不够

不是每一个有技巧的运动员，都能在其运动生涯中取得成功。在体育界，成功与天赋有很大关系。很多重要的联赛运动员在各方面表现都很好，但大多数人是在一两个方面表现得尤为出色，甚至比其他同行都出色。关于这个问题，问问你的高尔夫俱乐部或网球俱乐部的职业选手。在理论上，他与巡回赛职业选手在形式、一致性和力量方面同样出色，但是，他没有接受约翰·麦肯罗[①]的采访，而是给人上着 40 美元一小时的课。背后的原因与作品的出版是一致的：要想出版，要想让自己的书成为畅销书，你必须有一些特别之处，要有不同寻常的东西（加上一点点运气）。对我们而言，幸运的是，写作不要求有遗传天赋，然而，它要求我们以类似运动员在力量和速度方面的遗传天赋来运用故事力学。如果我们获得相应的知识，有这方面的意识，拥有细微的笔触和感觉，我们就可以实现目标。

核心技能与故事力学的联系

- 一个立意（核心技能之一）比其他立意更加行之有效、更加引人入胜、更加扣人心弦，这是因为故事力学：这个立意之所以更强，是因为它具备了更强的戏剧张力与更有效的节奏，为读者提供了替代性体验。
- 一个人物（核心技能之一）相比其他人物，更加栩栩如生、跃然纸上，这是因为故事力学：这个人物能够引起读者与主人公更多的共鸣，更有“扎根性”。
- 一个故事的主题（核心技能之一）能切中人们的要害，惹恼读者或是吸引读者，这是因为故事力学：引人入胜的预设让读者看到在乎的事情，结果，读者与主人公产生共鸣，获得强烈的替代性体验。
- 一个故事的结构（关键的核心技能，大多数作家为之挣扎的技

---

① 约翰·麦肯罗（John McEnroe，1959—2015），美国网球运动员。1979 年、1980 年、1981 年和 1984 年四次获得全美单打冠军。与彼得·弗莱明一起是世界著名双打伙伴，曾在 1979 年、1981 年、1984 年三次获双打冠军。在温布尔登网球锦标赛中三次获单打冠军（1981，1983，1984）。

能）行之有效，这是因为故事力学：戏剧张力与节奏的表现方式最佳地吸引和保持了读者的注意力，使得其他力学要素可以在此过程中逐步构建，比如与主人公共鸣和替代性体验（如果你真的有过刚开始读一本书却迫切地想要放下的经历，可能是因为这个故事的结构不够强大。但在技术上，它可能是正确的，只是竞争性上没有达到应有的水平）。

● 一个故事中的场景（核心技能之一）设置得很成功，这是因为故事力学：戏剧张力、节奏以及替代性体验都存在。

● 一个作家的写作风格（核心技能之一）为故事增色，这是因为故事力学：写作风格使得有效的执行与众不同。至少，这种风格不会分散读者的阅读体验，最好的结果是能够给读者带来愉悦的阅读感受（我们看不到风格分散阅读体验的作品，因为这些故事都未能发表）。

注意，所有的核心技能都依赖于故事力学的一个或多个要素，而且它们都可以在不同程度上被运用。比如，在《饥饿游戏》中，凯皮特策划的竞赛本可以是食品烘焙比赛。但是，这远不如我们在小说中见到的死亡竞赛扣人心弦（引人入胜的预设、戏剧张力、主人公共鸣、替代性体验）。两者相比，烘焙比赛远远不及。我们必须要通过运用核心技能来选择我们的故事力学的层次。苏珊·柯林斯做出了很好的选择（详见本书第 24 章，对柯林斯小说中故事力学的分析）。

如果你真的想要掌握这个，请记下来：核心技能是“是什么”，使得核心技能行之有效的潜在的故事力学是“为什么”，作者的执行和整合技巧则是“如何做”。在一个有效的故事中，核心技能与潜在的故事力学之间总是存在着一种关联。

也许你像很多作家一样，仍然在寻找“如何做”，或者试图更好地把握“是什么”与“为什么”，也许你觉得太多关于故事创作的教导让你如坠雾中，很多想法在变化、推移、消散，接着又再次聚拢，不断地挑战善意的老师想要灌输的任何一种思维。在这里，你会听到明智的建议，而且这一建议完全真实、有效：你要让读者支持你的主人公，你必须加入情感上的利害关系，引起共鸣；你要有一个主题和潜台词；结局必须与叙述说明保持上下文的一致；人物弧线需要引起共鸣，凡此种种。

所有这些模糊不清的概念常常缺少“如何做”与“为何做”的部分，相反，故事力学就是“如何做”与“为何做”。它是你点燃导火索的那根火柴，是加到要点燃的那堆柴火上的燃料。若你过多地关注柴火而没有注意到燃料，最后的结果只能是得到一堆干柴。

但是，到底要如何做到呢？这就如同告诉一位艺术家要如何绘画，而没有告诉他如何使用画笔。你从何处开始，以何开始？当你终于开始之后，接下来要做什么？你如何知道要写什么？以什么样的顺序去写？甚至你如何才能用魔法变出这些深奥的文学云雾？

六大核心技能模型正是致力于回答这些问题的，通过提供一套标准来实现上述飘忽不定的审美效果。

通过建立一个成功的故事模型可以做到这一点，这个模型由标准驱动，针对特定内容。不论故事的形式如何、内容怎样，所有成功的故事都有某些共同的要素、内在的动态机制和标准，小说和剧本都是。这一模型本质上不是公式，而是公认的结构。

我再次重申：省略六大核心技能中的任何一个，你的故事作品都会遭殃。左右摇摆，然后错失目标（由于构思平庸或执行不力），你的手稿将会散发出“菜鸟”的气息。大多数作家在开始他们的旅程时，都意识到了这些技巧问题，但是他们缺乏一个盒子，将这些技巧装进去，也可以说是缺乏一个圈住这些技巧的栅栏。他们只是沿着故事创作的足迹出发，即兴发挥，有的只是动机，相信自己能写出与刚刚读完的那本小说一样好的小说，或者创作出与他们刚刚看完的那部电影一样好的电影。

这些都是看起来容易，做起来难

在生活中，你听到过很多人说“有一天，我想写一部小说”，或者是一部剧本，抑或是其他什么。如果你已经身为作家（作家的定义是，真正在从事写作的人），你当时也许会想：祝你好运，这看起来容易，做起来难。

尽管我很乐意说，我创造六大核心技能模型的目的，是为了使非常复杂的事情更为清晰、更好理解，但请不要误以为，我的意思是这很容易。绝不是，我的观点恰好相反。这个标准比你知道的要高得多。但是，一旦你深入了解了六大核心技能模型，你会发现，它为你画了一幅路线图，一副可以穿过创意丛林写出能够出版的作品的路线图，这已经是一个右脑型努力所能达到的最清晰、最左脑的程度了①。了解和掌握使故事成功的故事力学，故事创作之旅会更安全、更有效，也更有趣。

永远不要忘记，正如任何一种专业技巧或技艺，稳健的写作在真正的专业人士手中看起来容易，就像在最简单、最漂亮的网页背后潜伏的软件密码，成功的作家有一整套基础结构使得作品成功，而未经训练的人是看不到这一点的。

六大核心技能的定义与总结

核心技能在第 8 章中第一次出现，此前多次被引用或提及。以下列出了六大核心技能的定义。

1. **立意**：想法演变为展现故事的平台。最好的表达是“如果……将会怎样？”的问题，这一问题又衍生出一系列戏剧问题，决定了故事

---

① 大脑左半球控制语言、逻辑思维和理性，大脑右半球则掌管着创造性和直觉。

内在的引人入胜的本质。没有立意的故事，只会带来没有戏剧张力的故事，结果关注点就在人物上，造成人物没有有意思的事情可做。立意带来预设，预设带来情节，而在职业的商业小说中，情节是个好东西（更多关于立意的探讨，详见第 23 章，既有一般性的讨论，也有在《相助》中的具体体现）。

2. **人物**：至少有一个是正面人物，通常是故事的主人公。主人公的旅程成为展现丰富的内在和人物弧线的舞台。没有主人公的故事是没有心灵的故事，太过纪实。

3. **主题**：是的，这有点像把烟雾装进瓶子里，但还是可以做到的。主题是随着故事与故事之外的现实生活相关联时逐渐显现的意义——争论、问题、人类境况，以及其他的特别要素，比如爱情、迷失、衰老、政府、社会衰落、腐败。通过故事的结果，主题变得清晰可见，对读者而言，与之相关的任何事情的意义显而易见，这时的主题最强大有力。

4. **结构**：什么在先，什么在后，依此类推……为什么这么安排。故事结构分为按照一定顺序排列的四个部分。每一部分都有其独特的任务和语境，由故事节拍（过渡和启迪的时刻）分开，每个节拍都有自己独特的任务和语境。绝大多数被拒的手稿，都能在此处找到它们的致命要害。结构的存在是为了使潜在的故事力学最优化，特别是戏剧张力和节奏。结构混乱，后果自负。这四部分故事结构几乎出现在每一部成功的小说或电影中。

5. **场景设置**：你可以了解游戏，但是如果你玩不好，你也赢不了。场景设置通过创造戏剧说明的单位，推动故事前进，原则和理论正是在此处与现实相遇。很多决定性的原则和参数适用，再一次声明，选择挑战它们的作家，后果自负。

6. **写作风格**：是作品外表涂上的一层油彩，或者，如果你愿意的话，也可以称之为故事的外衣，作者通过它将故事呈献给读者。如果你的故事是一座房子，结构就是地基与承重墙，人物是建筑风格，立意是建筑平面图，而写作风格就是油漆、瓷砖、地毯和装饰性装备（比如排水口怪兽），它能赋予这个地方个性。

仔细看看故事结构

故事结构是六大核心技能中的重要因素。大多数作家认为学习曲线和直觉与其他五个要素有些相似，但是结构既让人害怕，又给人以自由。结构成为指南，成为串联上下文的线路图，告诉你要写什么（根据上下文场景的任务）、前往何处。

对于很多人来说，掌握结构似乎不可能。但是，这里有一个顿悟，能够改变你的职业生涯，它向你提出挑战，要么采用这一模型搭建合适的结构，要么继续做一个流浪者，在广阔的故事创作领域四处游荡。这个顿悟就是：处处皆是结构。当你意识到这一点，你几乎会在你看到的每一本书或者每一部电影中发现结构（包括经典作品在内，但我同意，你不是在写一本经典，只是要写一本符合当下读者口味的书，不管你喜不喜欢，这符合这套原则，而不是莎士比亚、塞万提斯甚至圣保罗要处理的原则）。不是因为该模型是规则——规则很糟糕——而是因为，该模型像地心引力一样，是潜在的故事力学能够最佳地发挥作用的模式。

正如机翼有很多种不同的设计，但不管尺寸多大，基本上都是同样的形状，原因就在于内在的力学。

我们的故事亦是如此。

接下来的几页将用图表的形式展现故事结构的基本要素。在你此后的职业生涯中，请重视它，这就是故事创作的圣杯，为你强大的故事作品注入强大的故事力学。即使经纪人或编辑不赞同这一点，对于不符合该模型的故事，他们也很可能会拒绝。

故事结构

1. 布局

第一部分：通过建立利害关系（主人公不得不失去的东西）、背景故事（包括心魔）、与人物的共鸣，为情节布局，同时可能预示着即将到来的冲突。当主人公通过决策、行动或幕后消息，意识到生活中出现新的东西时，第一部分结束。第一情节点出现在第一部分的结尾处，第一情节点的到来第一次完整地展现了故事的主要敌对势力。布局有五个目标：（1）绝妙的悬念；（2）介绍主人公；（3）建立利害关系；（4）预示即将到来的事件；（5）为第一情节点的到来做准备。

第一情节点的定义：故事中发生了一些事情，影响和改变了主人公的地位、计划和信仰，迫使主人公采取行动并作出反应，从而决定了此后主人公经历的语境性质，呈现真真切切的利害关系和明显的敌对势力，这一时刻就是第一情节点。
第一情节点的任务：明确冲突。第一情节点、中间点与第二情节点是撑起故事帐篷的三大支柱，其他部分都是以这三根支柱为出发点或落脚点。

第一情节点

引发性事件

引发性事件指的是一些重要的、充满戏剧性的、改变游戏的事件。引发性事件不同于第一情节点，因为第一情节点赋予主人公和读者以“意义”，而引发性事件仅仅代表了主人公通往未来的单向门。

悬念

开篇几页展现的张力与冲突，仅仅为了吸引读者“上钩”，读者尚不知道其中的意味。

张力

故事长度

人物发展

孤儿：他不确定接下来发生什么事情。我们同情他、在乎他。故事中，作者为主人公设置的探索使得主人公继续前行。

2. 反应

第二部分：主人公对于第一情节点中出现的新情况（冲突）的反应。第二部分是有关主人公通过行动、决策或不决策对敌对势力作出的反应，为了实现一个新的需求，开启一项新的探索。第二部分决定了读者为什么会与主人公对敌对势力的反应产生共鸣。

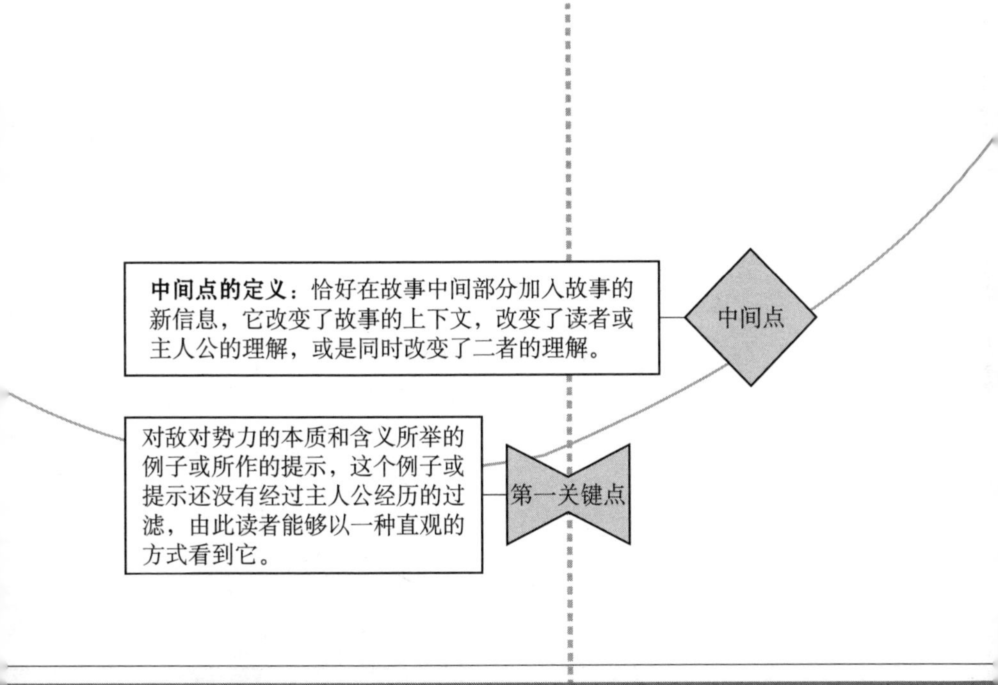

流浪者：主人公是一个流浪者，在充满选择与风险的森林中蹒跚而行，不知道将要去往何处，也不知道接下来要做什么。但他不再是一个孤儿。

故事结构

3. 攻击

第三部分：主人公开始努力解决问题。主人公变得积极主动、勇敢、聪明，努力实现目标，同时继续改变，变得越来越强大、越来越适应突然而至的英雄气概。主人公既与眼前的外物作斗争，也与自己的心魔作斗争。他明白，要想取得成功，就必须作出改变。中间点为主人公提供了新的信息，使主人公幡然醒悟，成为激发他主动攻击的催化剂。

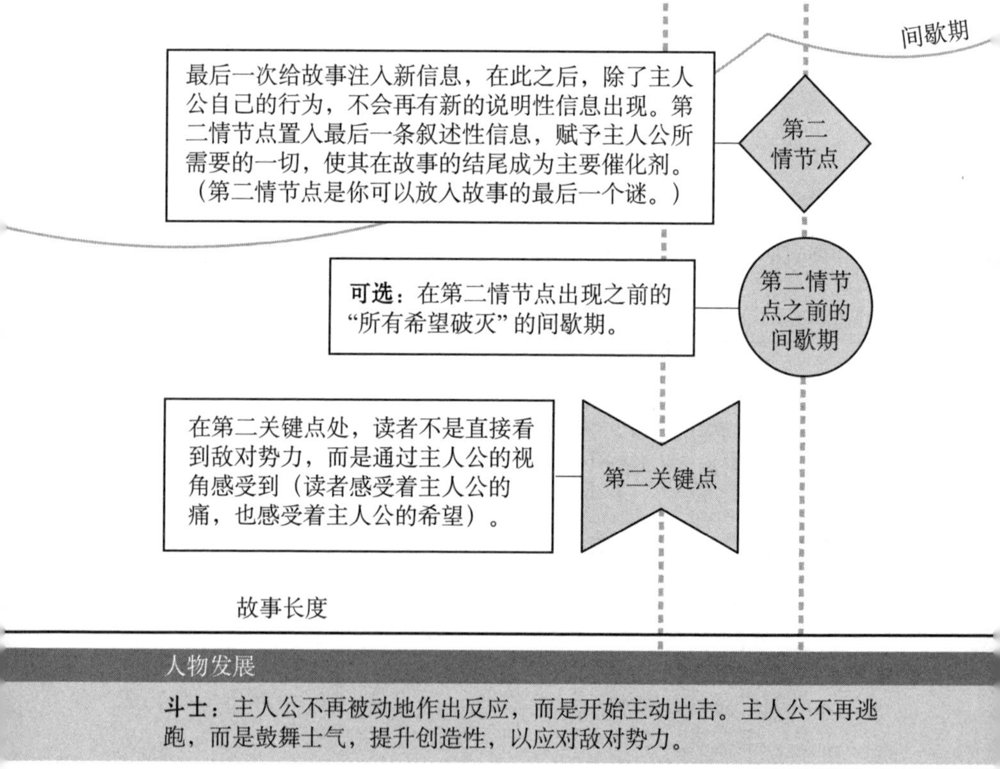

人物发展

斗士：主人公不再被动地作出反应，而是开始主动出击。主人公不再逃跑，而是鼓舞士气，提升创造性，以应对敌对势力。

4. 解决

高潮

第四部分：（10~12幕场景）展示主人公如何鼓起勇气，成长起来，找到问题的解决方案，实现目标，克服心魔，以征服故事中的敌对势力，实现自己的目标。
规则：在第二情节点之后，故事中不能出现新的信息。
指导原则：主人公要成为故事结局的主要催化剂。我们应该看到他成长的征程。作者在故事结尾的目标就是使读者潸然泪下、欢欣鼓舞，为主人公鼓掌喝彩。

用节拍表构思故事

1. 给每一幕场景列出一个单子，上面只有一个重点，确定该场景的任务（它为何在此处，如何进一步推动故事前进）和内容。
2. 将每一个重点扩展为一句描述性的话。
3. 将每一个句子扩展为一段概括性的话。
4. 从这一段话开始这部小说的写作。

结局

故事长度：40~70 幕场景

烈士：主人公不一定要牺牲（尽管他有可能会），但是他需要做任何有必要做的事情，包括为了实现目标心甘情愿地牺牲，而这正是烈士精神的本质。

绘图：Bryan Wiggins, wigginscreative.com

拒绝的原因就在于薄弱的故事力学，而结构很可能是罪魁祸首。

如果偏离这些主张和目标节拍，后果自负，如果你真的偏离这些，那就像是在用床单玩跳伞。

如果你对此怀疑，我建议你不妨测试一下。

对照这个模型，将任何一部小说或电影解构一下。你会发现，帘幕缓缓拉开。你会发现那些遗失很久的真相，那些写作坊里没有人会告诉的真相——至少不是以这种简化的形式。实际上，他们已经告诉过你，但是没有一个整体的把握，这些真相自由飘浮，没有与更大的整体相关联。

接下来的内容或许是本书中最有力量的部分。你将看到故事力学在最近的两部畅销书中如何发挥作用——《相助》与《饥饿游戏》。

这两章内容提供了重要的学习机会，既有对故事格局和故事力学的要点进行的一般性的讨论，也有围绕这些故事所作的具体分析。我们看这些要素的角度越多，对它们的理解就越清晰。

如果你还没有读过这两本书，我建议你先找来读一读。或者，如果你想加快进度，为这些解构分析做好准备，我推荐你看电影版，它们足以满足分析的目的（我会指出电影与小说的不同之处）。事实上，读完这个之后，你可能会想再看一遍电影，因为一旦你看到故事格局和故事力学在发挥作用，你就不可能对它们视而不见。你会发现，从今以后，在你看每一本书、每一部电影时，你都会不由自主地去分析它——正如任何一个同样是自己所在领域的消费者的专业人士一样。

23 《相助》中的故事力学

我们将会理解这本小说为何如此风靡。

凯瑟琳·斯多克特的超级畅销书《相助》是故事力学的经典案例。无论是打了十遍草稿还是仅列了一个提纲，与故事力学相比，作者的创作过程并不重要。故事取得了全方位的成功——戏剧张力、节奏、与主人公共鸣（此处有三位主人公，我们对她们同样支持）、替代性体验，以及使这些力学要素闪闪发光的完美执行。

情节点的位置都恰到好处，发挥了应有的作用，以教科书式的、完全一致的方式展现了故事四大部分的语境任务。

《相助》是斯多克特的第一部小说，这使得它的出色表现更加让人赞叹和敬畏，在商业上、在评论界都是如此。有诸多成功的证明：雄踞《纽约时报》畅销书排行榜榜首超过一年，横扫其他畅销书排行榜，包括一度登上《纽约时报》平装书排行榜榜首。评论家赞誉小说的力量、“完美”地呈现（这个短语被反复使用，说的是“写作风格”这一核心技能）人物幽默、直抵人心（与主人公共鸣）。评论很少提及故事情节，但是开明的作家深知，情节是舞台，让评论家为之倾倒的一切都是在这个舞台上得以展现的，包括阅读带来的力量和情感共鸣——小说探索舞台或主题问题的方式。

当然，这本小说不可避免地被搬上银幕，电影大获成功，好评如潮，获得多项奥斯卡提名，票房大卖。所有这一切都是因为故事力学。

从小说和电影的成功中，我们可以得出结论：斯多克特是文学天才吗？我的答案是肯定的。她的执行恰到好处。成功与她选择的主题有关吗？绝对有。一个引人入胜的预设，为其他力学要素的出现打开了大门，这是本书中讨论的故事力学的第一个要素。是运气好吗？除非你觉得执着与坚持不是一种技巧和努力，因为这本书，就像很多取得了巨大成功的书一样，在成功之前被拒过无数次。

实际上，共有45位文学经纪人拒绝过这部小说——在很多畅销书和经典作品的背后，这是极为常见又令人沮丧的幕后故事细节。这些目光短浅的经纪人都是专业人士，他们寻找的是明日之星（从中我们可以得到一个教训，当经纪人跟你说，你的书不是明日之星时，不要相信他们。但是，你要利用这个机会，重新审视你的故事，让它变得更好）。正如我此前所说，奥斯卡最佳编剧得主、小说家威廉·高德曼对电影行业曾说过这样一句话："没有人无所不知。"对于出版业，同样如此。

《相助》公然挑战类型的划分，在很多方面堪称是"伟大的美国小说"。或许，小说最后不会获得这样的称谓，因为它描述的是美国现代历史和文化中最黑暗的时期之一。但它并不是一部有关历史的小说，而是一部关乎人性的历史小说。

我指导过很多作家，他们也想写出类似的小说，小说的核心是一个争议问题。正如我在本书的其他地方提到的，他们的错误在于写关于这一问题的作品，而不是通过构思一个故事，让这个问题清晰而有力地呈现出来，甚至朝着作者的意图极端化发展。而这恰恰是斯多克特在《相助》中做到的。

尽管很多评论家将该故事奉为经典，视为重要作品，但是没有一个评论家赞誉过这本书的结构。这本书的结构完美，值得我们注意。没有人注意到这一点，因为他们忙着迷恋其他五个核心技能，而这五个核心技能都是因结构而有力。

这句话有深刻意味，我建议你再读一遍。这句话揭示了结构与使故事成功的其他要素之间的关系。没有结构，其他的都无计可施。

就如同一辆设计完美的汽车。大多数人不会注意到它的工程，只会欣赏它的独特驾驶体验。

《相助》中学到的第一课

故事以三个叙述者的视角叙述——这一点已经打破了常规，给采用学术方法教授创意写作的那一代老师们上了一课，让他们在坟墓里坐立不安——三个叙述者中的任何一个都可以称之为主人公。请注意，这种“不同寻常的”思维，并没有违反基本的故事力学或六大核心技能原则，但它还是公然违抗了几项传统的“规则”，因为从传统规则看来，这是错误的方法。故事力学从来不会阻碍你，不会抑制你的创造性，它们也不在乎你高中老师教授给你的那些规则。

看得越多，你就越会意识到，故事核心的主人公是斯基特，一个家境富有却毫不骄纵的年轻白人女性，她从 1962 年的密西西比州的杰克逊镇开始了她的职业生涯（这一点与作者的经历很相似，作者坦承，故事的灵感来自于她的童年经历，来自于她与父母家里的黑人女佣共同生活的经历）。

斯基特非常渴望成为作家，这与作者生活中的很多细节相似。此处给了我们一个重要的教训：最初给斯基特带来灵感的想法并没有成为小说的焦点，她将这个想法虚构，并使其演变为一个立意，接着成为一个预设。《相助》并不是有关种族主义的一课，它自始自终也没有说教。它是一部戏剧，展示了一个主题的两方面行为的结果。

实际上，这是有关六大核心技能之一“立意”的一课，斯基特对作家职业的选择，成为整个故事的催化剂。没有它，《相助》只不过是在一个历史背景下讲述的一系列人物故事。

没有斯基特的职业选择，就没有故事。

起初，就像我们很多人一样，斯基特只是想要写作。她不确定自己要写什么，甚至不知道为何而写。她愿意做任何需要打字的工作。很快，她如愿以偿，为当地的一家日报社撰写家庭生活小窍门，薪水仅够买烟的钱（请记住，故事发生在 1962 年，当时的信仰——也是故事的核心和灵魂——毫无疑问占据主导地位，没有外科主治医师的警告）。

斯基特与纽约当时大红大紫的图书编辑取得联系，大牌编辑几乎没有跟她寒暄（自 1962 年以来，这种情况并没有多大改变）。但是，大牌编辑的确提供了一些改变她人生的职业建议，而且斯基特听从了她的建议。

人们也许会疑惑，在斯多克特自己的写作生涯中是否也经历过这个小小的顿悟。这本书可能就从这一顿悟开始，而不是源于某种毕生的渴望，她希望写作有关民权运动的作品。或者情况不是这样，两者也许是在故事构思的命运的某个启发性的时刻相碰撞的。

这种情况时常发生。事实如何，只有斯多克特女士知道。创造性的火花与炽热的主题之间的碰撞可能会是一件非常好的事情。

脾气不好的大牌编辑给的建议是：写一些真正值得写的东西。给生活在其中的人们带来冲击的东西，有挑战性的东西，使美梦破灭的东西，不尊重现状的东西，使当权派不舒服的东西，纠正错误、揭露真相的东西，让人们生气的东西……因为它如此正确。

解构《相助》

我的观点是：参加了这么多写作坊，看了这么多关于如何写作的书，浏览了这么多博客，有了这么多资源帮助我们，我想，作者要想提高自己的写作技巧，能做的最有启发性、最清晰、最有力的事情，就是亲身阅读或观看各种类型的故事，然后分析，并将它们分解为组成部分、转折点，看看是什么激发了它们的活力，从中领悟故事格局的力量。同样，一旦你了解它、看到它，你就再也无法对它视而不见。它将存在于你今后阅读、观看的每一个故事里。

医学院学生有尸体解剖课，我们则有畅销书和优秀的电影可解构。

我们有《相助》——一个在今天依然活生生、令人兴奋的故事。

无论是生是死，你都能从理论和现实之间的短暂空间中学到很多，这也被人们称为“滑坡谬误”①。

《相助》提供了地点、背景和人物方面的研究。

顺便说一句，上面任何一个要素都与逐渐展开的戏剧张力不存在此消彼长的关系，整个故事弧线由完美的教科书式的四部分故事结构组成，再由具体的、容易界定的叙述转折点分开。很多场景尽管仍然受任务驱动，但似乎将我们带入了揭示人物动态的某个时刻之中，没有推动情节。

但是，不要被愚弄了，不要麻痹，不要自鸣得意，故事的每一页都充满了潜台词。

如果不是因为到处充满了潜台词，《相助》将一无是处。

---

① 滑坡谬误（slippery slope）是一种逻辑谬论，即不合理地使用连串的因果关系，将“可能性”转化为“必然性”，以达到某种意欲之结论。

喜爱惊险小说的读者也许会对《相助》的这一面急不可耐，但这是作者的精心设计。原因何在？因为我们与人物关系的密切程度，受到我们间接目睹她们的动态机制和内心反应的驱动，这是整部小说的关键所在。

人物的感受使故事中发生的事情具有了分量，将与主人公共鸣和替代性体验联系在一起。尽管这些感受值得书写，但是故事最终关注的是她们所做的事情。

作者深知其中的奥妙。这个故事容易陷入人物刻画的汪洋大海里——我曾经一度认为，这就是故事的方向。但是我一直有一种感觉，这个故事将带领我们去往某个地方，去往我们值得为之牺牲生命的风险和利害关系。

于我而言，这是人物驱动的故事创作的本质，它仍然为读者呈现了一个纯粹的戏剧故事，富有戏剧张力和潜台词。我们一直读下去，看看发生了什么事情，但是，如果斯多克特没有完美地平衡如此丰富的人物、文化、背景，我们对发生的事情也不会如此在乎。

展现主题的窗口

换句话说，《相助》以罕见的方式将技巧与艺术融为一体。正如丹·布朗的《达·芬奇密码》一样，使故事直抵评论家与读者内心深处的核心技能是主题。主题赋予故事以重要性，使得故事在很多层面上给读者带来回报。这本书向我们展示了故事的重要性对于故事的成功至关重要。

《相助》：1万英尺上空鸟瞰的结构

你可能已经注意到，我是语境的疯狂粉丝。语境在多个层面启发故事中的每一刻，赋予其力量。语境不仅仅是结构，它对六大核心技能都同样重要，尽管我们对《相助》的解构始于“结构”这个话题。

一切都依附于结构。

从结构原则而言，斯多克特女士或许根本不知道，她的故事是否与任何东西保持一致。或者，她和我一样，是一个疯狂的故事工程师。

但这都无所谓。结果是故事大获成功，而成功的原因就在于这些原则，无论她是提前构思、费力提取的，还是凭借天生的直觉或是其他因素获得。这本书的线性结构如同教科书般完美，当我们研究这个结构时，请注意不同部分和转折点如何将语境落实到位。

悬念

悬念的任务是及早抓住读者的注意力——非常早——再通过构建戏剧张力或者提出一个戏剧问题（一件棘手的事情），使读者进一步产生兴趣，承诺给读者一段值得的体验。有时悬念很大，有时很小、很微妙。

在《相助》中，悬念直接与主题相关，因此也是稍微有点微妙的。不管怎样，悬念向你声明，这个故事很重要，它会激怒你。

随着悬念的步步深入，故事挑战着人们的世界观与个人信仰，这样的故事总是能打开一扇创作大门，迎来一个绝妙的故事。约翰·欧文在《苹果酒屋法则》中这么做了，丹·布朗在《达·芬奇密码》中这么做了，凯瑟琳·斯多克特在《相助》中也是如此做的。请注意，这三位都是偶像级的畅销书作家。

在《相助》中，悬念出现在第一章的结尾处，对于任何一个故事作品而言，这都是悬念出现的最佳位置。以防你错过。在第二章的结尾处，悬念再次出现，并以此结束了第一个悬念。

悬念出现在第 13 页的最后一个句子。整个这一章都为这一刻的情感共鸣布局，我们遇到一位引人入胜的讲述者，我们已经开始在乎她，我们也遇到一个我们已经开始讨厌的坏人。悬念向读者表明，这个故事的关键事件是关于 1962 年密西西比州杰克逊小镇上一个心胸狭隘的年轻白人女性的，她宣布，要为她的女佣建一个“黑人洗手间”，不再允许女佣使用“白人洗手间”，而这是这个屋子里目前唯一的洗手间。

就是这样。因为这个普遍的争议如此重大，我们在宏观层面上就被吸引了。我们也被其中的人物所吸引，因为我们是通过一个女性的视角了解到这些，而她已经向我们展示了她的人性。

第一幕场景和第一章的任务就是为这个悬念布局。故事力学已经在发挥作用，而且是大张旗鼓地发挥作用。

第一情节点

看第一情节点时，关键要记住，之前的章节或者故事的前20%～25%的篇幅已经为这一时刻做好布局。第一情节点几乎总是会改变故事情节（很多情况下，情节由此开始），但更重要的是，第一情节点明确了即将到来的戏剧张力，同时明确了利害关系（与主人公共鸣）和主人公之后的方向、探索、需要或旅程。

在《相助》中，第一情节点出现时，我们已经认识了三位几乎同等重要的主人公。当第一情节点出现时，三位主人公的故事都已发生改变。

《相助》的第一情节点出现在第 104 页（几乎位于目标位置，故事的前 20%的地方）、第六章的结尾，叙述者是斯基特小姐。到此为止，每个人物的世界观和第一情节点之前的生活已经明确了（利害关系）；第一情节点之后，将要驱动故事的主要问题和潜在反应也已经确立。就故事力学而言，读者已经与这些人物产生了深切的共鸣。只有在发生一些事情时，认识到或者抓住一个机会，或者当主人公跨出关键一步、无法回头时，这个故事才能从展现人物转变为展现人物必须要做的事情。这是第一情节点的主要任务。

在《相助》中，当斯基特小姐意识到，她必须写并且将要写一本关于密西西比州杰克逊小镇上黑人女佣生活的书时，这一时刻就是第一情节点。在此之前，一切都只是一个模糊的概念、一个可怕的想法、一个看似遥不可及的梦想。只要它还停留在那个空间，就没有危险。想法成真的那一刻，它才成为了故事。

一旦这个导火索被点燃，对于剧中的任何一个人物而言，一切都将变得不同。故事从这里才真正地开始。此刻之前的一切都是布局，是为此后发生的事情所作的铺垫。

中间点

中间点的任务是为主人公或读者或者二者同时揭开幕帘，加入新的信息，这个新的信息已经作为影响故事发展的因素在发挥作用，但是在中间点被揭示出来。抑或，如果有必要去创造一个新语境的话，它可能是一些新的东西，尽管在这种情况下，伏笔可能更有帮助。如果主人公知道了这个新信息，将改变她之后的经历。

在《相助》中，中间点出现在第 248 页（故事 48%的位置）。再一次，上下文语境成为理解新信息如何以及为何能改变故事、赋予故事力量的关键。

在此之前，除艾碧莲和明尼以外的其他女佣一直拒绝帮助斯基特写这本书。在中间点的时候，新的利害关系公开了：梅捷·埃弗斯被当地的种族歧视者杀害，而西丽小姐（也是种族歧视者之一，表面上非常得体，但是在精神上致命）越来越接近明尼的秘密，即她与希莉亚小姐之间的雇佣关系。

到了第 248 页，女佣中最为抗拒、最直言不讳的月梅悄悄地告诉艾碧莲，她想要帮助斯基特写这本书，这意味着，她们所有人都加入了，原因是有些东西战胜了她们内心的恐惧，让她们认为值得冒风险。

斯基特小姐的书此刻拥有了生命，也面临着危险，而且是不可避免的危险。

第二情节点

第二情节点出现在作品第398页（小说77%的位置），当那个巨大的秘密被公开时。如果你读过这本书，你就会知道秘密是什么：明尼给西丽做的馅饼，这个馅饼具有隐喻意义，对故事起着催化作用。

这一时刻改变了一切，加剧了利害关系，节奏加快，张力增强，导火索要烧到头了。事情的后果有了新的恐惧和危险，问题的解决不可避免，迫使人物采取行动，前所未有地直面后果。

我们被她们深深地感动，我们在乎她们，我们也深深地关切着这些人物的命运。

这也是这个故事如此成功的原因。

结尾

从结构上来说，一本书的结尾是由此前的一切协力促成的转折点。因此，结尾脱离一般的标准，只需要提供某种结局、意义和情感。

《相助》的结尾不可避免是一个进退两难的境地，斯多克特女士不可能展现出这些女人单枪匹马解决了一个全球性问题，通过自己的行动消除了美国南方的种族歧视，这不现实。不过，结尾总是要关乎个人的，也许是造成重要的文化转变、从量变到质变过程中那些沉默的多米诺骨牌中的一块。结尾很安静，但是相对于此前如此出色地展现的问题而言，这是一个令人满意的结局。

如果斯基特没有看到、没有感受到女佣们的恐惧和抗拒，没有建立重大利害关系，我们也不会在乎她的决定——实际上是她的需要——为了正义的理由写这本书。如果第一情节点出现得过早，可能会削弱这一本质；如果出现得太迟，故事可能被不必要地被拖延。

第一情节点出现在故事的前 20%～25%处，是有原因的。我们看到它在本书中熠熠生辉。如果出现过早，此前的利害关系驱动的共鸣和人物深度可能会被削弱；出现得再晚一点的话，戏剧张力会被削弱，每个人物的私人生活之外的事情会被描述太久。

中间点是加大戏剧张力的工具。我们需要经历女佣们的抗拒和斯基特的探索，才能弄清她对真相的揭示将会带来什么后果。一旦这本书确定要写出来，我们就需要往前推进。将这一转变置入故事中间，就确保了戏剧张力的平衡。

除了主题元素之外，故事需要一些外部因素来推动大结局。除了斯基特的书得以发表、杰克逊小镇的白人女性受到羞辱之外，出现一些其他事情会让故事受益。此刻，需要更多的事情来推动故事升级。看到西丽陷入大麻烦、自食其果，读者才能心满意足。第二情节点推动了正义的伸张，如果第二情节点出现得晚一点，会削弱人们的期待，而出现得太早的话，则会给人一种失去节奏的错觉。

这些转折点的时机不是随意安排的，是被实践检验过的，是故事力学。《相助》让我们看到故事力学如何发挥作用以及为何能发挥作用。现在我们理解了，让我们回过头，看一下这个故事的四个符合上下文、按顺序展开的部分。

开场

关于第一部分，作家要了解的最关键的事情就是，第一部分的终极使命是介绍故事要素并做好布局，使得第一情节点出现时，利害关系、情感共鸣、逐渐浮现的敌对势力的阴影以及路途上等待着的其他要素能够强化这一时刻。这一点适用于任何故事，包括你自己的故事。

第一部分的时机和说明就是一切。如果操之过急，可能主菜上了，餐具还没就绪。

当然，第一部分可能会发生一些严肃的戏剧性事件。人物介绍和背景故事将我们带入三位叙述者的生活中，此处的行为由人物决定，而不是由故事决定。

第一部分场景的任务很清晰：使我们感觉身临其境（替代性体验），这样我们看到了人物所看不到的动态机制（与主人公共鸣）。人物能够感受到这些——你当然可以使这种感觉发自内心——但是，对她们而言，这还不是故事，只是她们的生活。这是聪明的叙事策略，因为读者比主人公更紧张不安。

这个故事将要改变这些人物的生活。但是，我们要有策略，循序渐进。了解要改变的对象（作为社会准则的种族主义）以及改变的原因（逐渐兴起的种族平等的社会现象），这是戏剧精华的来源，是能触动读者的地方。斯多克特充分发挥了它们的作用。

当第一情节点的出现改变了一切时，故事才能最好地得以展现。在此之前，故事仅仅是即将到来。

这部小说的第一部分跨越了六个章节，共有 43 幕场景。每一幕场景都由一段空白部分隔开（跳跃的行数），代表了故事的背景、时间或焦点的转变。例如，作者会突然从某一幕场景快速闪回到某个人物的童年或家庭生活，接着回来进入一幕新的场景，然后再回到之前的讲述。很多类似的场景篇幅不超过一页，而主要的说明性场景则可能有 20 页。

这展现了最佳的由任务驱动的场景描写，我相信，这也是使故事创作最有力的原则之一。

你第一次注意到这种任务驱动的技巧，可能是在第一章第 2 页的末尾，当叙述者艾碧莲在谈论她所照顾的孩子时突然中断，转而向我们讲述她自己的孩子。（顺便说，这幕场景用的是过去时，这也是为何它很难付诸实践……试一试你就知道了，用一个将来式的场景，那将会使地球上所有书店的时钟都向后拨。）两幕场景都有一个刻画人物的目标，即展示这个女人的内心以及她对她所照顾的孩子的感情，这很重要，因为它使我们喜欢上她并且支持她。两幕场景也有说明任务，构建上下文的语境因素，一旦故事真正开启，这些因素将发挥作用。

作者能不能将它们混在一起？也许可以，但是可能不会这么清晰有效（如果只是将时态混淆）。任务驱动的场景直接针对一件事情，将任务作为上下文背景，用叙述来传递这个任务。尽管如此，人物刻画也是每幕场景的目标，即便这幕场景有说明任务。

第一情节点出现在第 104 页，当斯基特小姐意识到她将要写这本书，将会改变故事中所有人物的生活。核心的戏剧故事现在开始发挥作用。在此之前，这只是一个危险的想法，一个似乎没有人喜欢的想法。当人物将她正在思考和探索的想法变成一个计划和承诺时，布局才演变为故事。

再读一读小说的第一部分。注意，这六个章节和 43 幕场景是如何为第一情节点的出现服务的：揭示背景故事，建立利害关系，融入戏剧张力、恐惧与期望。这 104 页在技术层面为人物的参与布局，使得读者投入到这一刻。

普通的读者能感受到这一点，但可能没有意识到结构层面会发生的事情。然而，作家应该努力去注意这一点，因为这恰恰是任何一个有效的故事应该发生的事情。

同样要注意的是，作者在第一部分的前六章中，展现了一个清晰的叙述视角对称结构。她有三个叙述者，每个都要被介绍，三个人物要轮流发言。

每个人物都有两章，因为三个人物的视角对故事布局都至关重要。每个人物都有自己的次要情节和独特的潜台词。

如果我们没有认识她们、爱上她们并且同情她们，如果我们没有感受到她们正受到的压迫，没有感受到她们的需要，没有认识到她们面临的社会压力，没有感受到公然对抗这种压力的可怕，没有预料到有些事情会使美梦破灭，这个故事就不会如此成功。

这基本上概括了这部小说的第一部分以及任何一部小说的第一部分所要实现的目标，而这本小说出色地完成了这一点。它的确是故事力学的一个练习，为戏剧张力和人物共鸣播下种子，为即将到来的节奏拧紧发条，提供预设，赋予它引人入胜的框架。

当斯基特小姐承认，她写这本书的想法从未离去，当她意识到这对她而言是多么重要（仍然是第一情节点），我们知道，这就是这个故事即将要走的道路。这条路上势必会有冲突、戏剧张力、人物弧线和主题力量……任何一个好故事的核心都具备的东西，这些最终将使得这本书在各个层面取得巨大成功。

如果这样分析还不清晰，我建议你再读一读布局部分，寻找这些任务关键型的叙述结果。这些都是布局，操纵读者对人物投入的情感以及对主题的感受。

让我们回顾一下相关章节如何服务于这个任务。

在第一章中，我们见到了艾碧莲。我们看到她真心爱着她所照顾的白人小孩，这种爱甚至超越了孩子的母亲。我们见到艾碧莲的雇主，感受到这个女人的冷漠、灵魂的空虚与肤浅。我们沉浸到决定她们关系的文化氛围之中。

通过艾碧莲的眼睛，我们也见到了故事的叙述主人公——斯基特小姐。此刻也预示着小说的主要情节技巧——讲述杰克逊小镇上的黑人女佣们的故事。戏剧张力已经在发挥作用：艾碧莲并不热心于成为揭示当下种族主义的声音。她有一份工作，有一家人要照顾，还有一个幼小的白人女孩需要她。

艾碧莲被带到生活当中，而且她的生活很重要。在这一章的结尾，我们得知，艾碧莲的雇主正在自家车库中修建一个“黑人洗手间”，准备给艾碧莲使用，修好之后，艾碧莲就再也不能使用“家庭”设施了。

你读到这儿的时候，很可能已经感到愤怒了。

事实上，我们被吸引住了。主题的挑战已经提出，我们支持的人物此刻正处在即将到来的紧要关头。

所有这些共用了 13 页描述。

第二章仍然是从艾碧莲的视角讲述的，向我们展示了更多关于她的生活情况，介绍了她的朋友明尼（也是一个女佣，很快成为故事中的另外一个叙述者），介绍了反面人物、傲慢的西丽小姐，她代表了文化种族歧视的声音和无知。

第三章转向明尼，她面临不同的问题和危机。西丽小姐冤枉她偷了银器，背景故事告诉我们关于这个反面人物的一切，以及她们为主人公制造的危机。注意，此处有两股敌对势力：一般意义上的种族偏见与作为具体象征的西丽小姐。如果没有西丽小姐这个人物，或者斯多克特小姐只是泛泛地描写“关于”这个主题是什么样的，这个故事不会如此成功。这是想写这种宏大主题的新手作家们经常会犯的一个错误：只是给我们描述一些反对的东西，却没有为我们刻画一个具体的人物，将这种对抗人性化。

在第四章中，我们进一步深入明尼的世界与她的视角，包括艾碧莲透露白人小姐斯基特想要写一本书，写的是关于白人雇主是如何对待她们的。在这个时候，参与这样的揭露是不可想象的，这就制造并预示了故事的部分冲突和对抗。

第五章介绍了斯基特小姐——故事中主要的催化剂，因此根据定义，她也是主要的主人公。我们看到她的生活，她是一个家境富裕的白人女孩，在慈爱的黑人女佣康斯坦丁的照顾下长大，然而几年前，康斯坦丁却神秘地失踪了。

在第五章和第六章中，我们得知西丽小姐试图撮合斯基特小姐与她丈夫保守的堂兄弟，当时盛行好姑娘找一个得体的南方绅士出嫁。与此同时，斯基特对自己的生活有着不同的愿景：她想成为一名作家。这是一切事情的首要动因。当个人动机与良心、愤怒相碰撞时，事情就发生了。

作者的叙事策略

在有效的第一部分中，一幕场景的目标和任务可能看似离故事很远。它们是结果，不是叙事策略，需要叙事策略来使它们变得有效。

斯多克特领着我们在现实与闪回中进进出出，只是为了让我们对故事的社会环境有一个了解，并且感受到隐藏其中的偏见、危险和不公的潜台词。这样做却没有削弱故事往前推进的节奏，反而显示出出色的技巧。有些场景就像一个小故事，很完整，有微观的利害关系与结果；而有些场景只是描写日常生活，使我们理解故事主线中人物的感受及其缘由。

最重要的是，这些都可以提前构思。一方面，可以通过节拍表列出一系列作品需要完成的任务，把故事向前推进；另一方面，也可以以微故事的形式，将人物、行动、对话和利害关系充实到这些由任务驱动的场景中。

但是，并非一定要提前构思，也可以修改编辑，直到趣闻逸事、闪回和现实时刻恰当地组合，获得恰当的节奏与恰当的说明。我不确定斯多克特此处采用的是哪种方法，但是这都没有关系。无论你采取何种方式到达那里，结果都一样。

前六章也有效地设定了几个次要情节，成为情节主线的重要影响因素。艾碧莲与无能的雇主的女儿小梅·莫布丽的关系，为扰乱这座小镇的种族关系制造了危机。明尼的新雇主很奇怪，总是忙忙碌碌、神神秘秘，她隐瞒了一个秘密，这个秘密将成为后面故事主要的“麦高芬”。斯基特小姐在追求写作事业的同时，还要应对一段尴尬的、处于萌芽中的爱情，她追求事业的努力就包括从兰登书屋获得出版合约，然而，只有当她寄去一些有真正阅读价值的东西时，兰登书屋才会出版这本书。

正是围绕斯基特小姐目标的最后一点创造了故事的主线。一本揭露 1962 年密西西比州杰克逊小镇上黑人女佣生活和雇佣状态的书，这将是一枚定时炸弹。如果斯基特小姐能够使这些女佣冒着丢掉饭碗甚至危及个人安全的风险来帮助她，这枚定时炸弹将会放在她的手上。

当你读第一部分时，注意一下，文中对斯基特的书的描述内容极少，尽管这本书后来成为故事的主要情节技巧。第一部分几乎没有提及这本书，确有提及时，也只是作为伏笔。然而，这本书一直都有潜台词：它就在那里，等待着作为故事的驱动力和最关键的技术要素出现。

这一时刻直到第 104 页才出现。当你注意到这一点时，你会明白你所看到的一切：所有场景都是为第一情节点布局的，以使这一时刻充满力量、层次丰富。

没有发生任何事情，也没有解决任何事情，而是要素启动，因素和动态机制就绪。

一切都是布局。

第一情节点的时机

要建立这些上下文的要素，引起读者的情感共鸣，前面整个叙述部分就很有必要，当你意识到这一点时，你就清楚为何第一情节点不能出现得早一点。切断最优的插入点，将会削弱故事力学的力量。

如果在悬念出现时（大约是在故事第 25 页左右），斯基特就与女佣们一起开始这本书的写作，潜在的利害关系以及影响这一决定的个人心魔就不可能产生重大影响。而它们的影响实际上是这个故事的一切。

在你看过的其他故事或电影中试一试，你会发现，这种模式是一致的，几乎普遍适用、不可改变。希望你看过我对《相助》的分析之后，能够理解其中的原因。

在第一情节点之前，故事全都是人物刻画。但是，斯基特小姐的写书计划改变了这一切，至少在故事感上，因为此刻，故事有了冲突，有了戏剧张力。冲突引发了危险和担忧，为参与计划的每个人都开启了一个旅程，并且在地上划了一道清晰的界线：一边是斯基特小姐和女佣们，另一边是反面人物，领头的是总有一天要下地狱的西丽小姐。

今晚就租个光盘回家，亲眼看看到底发生了什么事情吧。大约在第 18～26 分钟之间，故事会发生转变、改变、转折，出现之前暗示过的事情（伏笔）或者承诺过的事情。斯基特小姐认识到她将要并且一定要写一本关于杰克逊小镇上的女佣的书，在这一刻，故事的一切随之改变。

斯基特坦承了促使自己下定决心写这本书的道德指南，突然之间她所有的人际关系都清晰了：与母亲的关系，与朋友圈的关系，与女佣的关系，与她的职业规划的关系，这段新恋情的前景，甚至是对她童年时代喜爱的女佣康斯坦丁的回忆（这成为故事中的一个次要情节，与主题紧密相连）。

这些关系此刻都变得不同了，因为她生活中的这些人在这件事情上都有自己的立场。在斯基特小姐的心中，这个立场决定了她们。

女佣们的世界观发生了变化，特别是艾碧莲和明尼。她们从感到恐惧（反叛的恐惧）和安全（因为她们仍然被雇用）变得勇敢而有目标。她们突然有了一线希望，如果说是改变世界的希望，一点也不为过，但在一个更高的层面上看，这是她们值得为之付出生命的，因为它揭示了真相。

这带来了该故事所代表的棘手的主题问题。有什么事情值得你冒着丢掉饭碗的危险，不顾自身安危，甚至冒着生命危险，也要去揭露、去捍卫、去疾呼呢？你对这个问题的答案决定了你是什么样的人吗？

当斯基特小姐的内心产生写这本书的想法时，一个直接的、多层次的戏剧弧线就变得具体了。

在第一情节点出现的那刻，利害关系变得有关联了。

如果艾碧莲离开，小梅·莫布丽将会在没有爱的环境下长大，而如果艾碧莲参与到斯基特小姐写书的过程中的事情暴露，艾碧莲是会离开的。如果明尼在报复西丽小姐之前暴露了，那么明尼将继续隐藏起来，以面对西丽小姐不可避免的愤怒。

天哪，这是我们希望的结果吗？

语境与潜台词

在故事格局中，第二部分的语境任务是展示人物对于第一情节点确立的新道路或新转折的反应。为何这么说？因为读者在想，在这种情况下，如果是我的话，我会怎么做，这又是故事力学。这就是替代性体验。

这让我们回到另外一点：如果你没有在第一情节点传递出这样一个信息，读者将没有可以与之共鸣或间接体验的东西。在故事的构思过程中，首先要想到的一件事就是，脑子里要有一个概念：在第一情节点上会发生什么事情？当想清楚了立意和第一情节点的转折，随后发生的一切几乎都围绕它们进行，无论是在构思中还是在执行中。

但是，我想先岔开话题一会儿。

不管何时进入故事的构思和执行过程，语境都为整个故事提供了潜台词，就像饭店里的氛围或是酒店的内部设计一样。有意思的是，在故事创作中，在语境与立意之间，没有先后顺序。当其中一个要素具体化了，另一个会紧随其后。

主题亦是如此：主题可以在故事开发过程的任何时候进入。主题可以引向立意和语境（因为主题本身就是上下文），反之亦然。凯瑟琳·斯多克特的亲身经历——在富裕的南方家中成长，亲眼看见黑人女佣所受到的待遇——促使她进入这一主题领域，从主题语境中衍生立意（既有创意性方面，也有技术性方面）。她深知，不能写一部关于南部种族情况的书，而要写一个故事，通过生活在其中的人物的视角和语境来探索这个主题。

这一点非常重要，它是作家关键的意识觉醒，也是故事不成则败的技巧。

《相助》中的立意

《相助》中的立意是斯基特小姐要写的这本书，我们可以称之为“麦高芬”，它是一种情节技巧，或者可以说是一个隐喻。当斯多克特想到斯基特要写书的这一想法时，她就有了自己的立意：如果在1962年一个充满种族歧视的南方小镇上，一个拥有社会圈子的白人女子与黑人女佣秘密合作，将白人雇主眼中的雇员——通常被视为二等公民的黑人女佣的经历写成一本书，无论好坏，结果会怎样？

在此之前，其他一切都缺乏相关的故事力学，包括强大的人物、沉重的主题在内。没有戏剧立意，或者没有一个具有同等催化作用的立意（有一点很重要，一个出色立意的首要任务，就是作为其他三个故事要素——人物、主题和结构三要素——的催化剂），这个故事将无路可走，因为它无处可去。

这个立意创造了故事的旅程，因为它制造了故事冲突，明确了一种需要、一次探索、要解决的问题、需要躲避的阴暗面，同时面临着悬而未决的利害关系与时刻存在的敌对势力。

否则，这本书只是一堆简短的描述，关于黑人女佣在无知的、通常是冷酷无情的白人雇主家中的工作经历——只是普通的邻里的一天——一个叫斯基特的女人意识到，有些事情存在着严重的错误。

在这一想法成为故事之前，她必须要做些什么。立意让她有事可做，因而成为结构的目的。

结构是驱动立意向前、说明故事的叙述技巧，有开始（第一部分“布局”）、中间（第二部分和第三部分，由转换语境的中间点分开）和解决（第四部分）。

《相助》呈现给我们一个完美的结构，使得宏大的主题和强大的人物有了目标，有了展现自我的机会。

但是，请注意，这个立意不是作者最初的想法，而是她最初的想法不断演变而来的产物。即使在执行过程中，很多作家没有意识到两者之间的区别，他们实际上是通过增加戏剧张力将自己的想法演变成为一个立意。

在作者后记中，凯瑟琳·斯多克特告诉我们，她写这本书想法的来源，就是她意识到，她从未想过问自己童年时亲爱的女佣作为黑人的感受——在白人家庭生活和工作的感受。尽管这个家庭对她很友好、很公正，但是这个家庭却从未想过把女佣作为平等的人对待，对女佣来说，白人是生活在镇子上的另一类人，与女佣有着不同的期望和准则。

斯多克特将这一想法演变扩展，运用故事力学，把其他核心技能纳入其中。她对这个想法的独特情感，促使她去关注家庭中的种族生活情况。她想要挖掘她们的感受（替代性体验和共鸣），揭示人类社会中存在的不公，并去纠正这些错误。这是凯瑟琳·斯多克特的出发点，是她的想法。但这还不是一个故事。这个想法纯粹是故事的主题，她还需要更多的东西。实际上，她还需要三种材料：立意、人物和结构。

幸运的是，作者知道这些，她需要让自己的人物有一些事情可做。这些人物需要去探索，需要有一个冲突驱动的框架来承载这些主题，需要冒险去做一些事情，有选择、有对抗、有悬而未决的利害关系。

而“斯基特小姐要写一本书”就是这一立意，这个情节技巧揭开了她想要在小说中表达的一切。

当你以作家的眼光来阅读《相助》这本小说或者观看这部电影时，请务必注意，立意这一语境是如何从第一页开始，又是如何影响此后的每一幕场景的。没有这个立意作为上下文，那一切都不会发生。

第一情节点是故事立意真正开始的地方。同样需要注意的是，第一情节点出现在最理想的目标位置上。故事的立意核心（斯基特要写一本书）开启了探索之旅（与女佣合作写这本书），以及利害关系（选择加入其中会给她们带来风险），从而创造了戏剧语境和后面的内容。

同样的原则也适用于你的故事。你的立意是什么？它如何为故事的其他要素——人物、主题和结构——创造一个平台，使得故事完全进入读者的心中？

你为作品中的人物开启了什么样的旅程？又为你的读者开启了什么样的旅程？

这个问题的答案就是创作一个伟大故事的关键。

《相助》一书的格局充满微妙之处

本质上，该作品的主要情节点首先是在上下文意义上的。在很多故事中，主要情节点的声音很大，但我要声明，在这部小说中并非如此。故事轻松进入转折，自然优雅，突然之间，一切都发生了改变。

当斯基特自己承认（也是向我们承认），她要写一本关于杰克逊小镇上的黑人女佣的书，关于决定了她们生活的种族歧视这个现实，她萌生的想法突然成为一个意图，并且要付诸行动。她的意图不仅仅是有关于她和她的职业，而是有关于她要告诉全世界的重大事情（与主人公共鸣）。故事的戏剧弧线开始发挥作用。此前的一切仅仅是为它所做的铺垫。

这为斯基特和女佣创造了一个目标。对她们而言，追求这个目标本身就是故事所在。在第一情节点之前，这只是一种情境，还不能称之为一个故事。

随着第一部分“布局”的展开，通过深刻的人物刻画、主题共鸣，以及一套亟须重新审视和改变的世界观的呈现，她们的使命引起了我们的共鸣——这是我们可以支持的东西。此刻，读者开始在乎这本书。如果这一刻来得早一点的话，这种“在乎”无法立足；来得晚一点的话，故事会显得拖沓。因为有了第一部分的布局，第一情节点的出现点燃了余下故事的导火索，这一刻，后果开始发挥作用。故事进入到下一个高度紧张的阶段，并且不会回头。

现在，我们进入到故事的第二部分。

尽管它读起来非常流畅，但是此时，故事的语境已经截然不同。目标也已发生转变。从此刻开始发生的一切，在某种程度上都与第一情节点置入的要素有关——关于斯基特要写的这本书。

之后发生的一切，无论是直接的或间接的，都是对这个新的语境的反应。

第二部分由 10 个章节、51 个简短的任务驱动型场景组成。不是所有的场景都直接地展现人物对新语境的具体反应。的确，在第二部分中，有些场景试图创造更深的利害关系和后果。但是，主要的主人公旅程已经开启，任何更深的利害关系都是围绕这个故事新的核心展开的：小镇上的女人们通力合作的这本书。

我们要提醒自己的是，这在第一部分没有发挥作用。

让我们看一看第二部分发生了什么事情，审视这些事件如何成为对斯基特那本书的诞生的反应，以及与她一起合作写书的女人们在其中的角色。

注意，第二部分说明如何进一步加剧戏剧张力，加深利害关系，揭开更多人物刻画的层面。第二部分没有解决任何事情，事情只是变得更加黑暗、更加紧迫。斯基特需要让艾碧莲参与这个项目，但是恐惧阻止了艾碧莲的参与——害怕失去工作的恐惧、害怕打乱社区秩序的恐惧、其他难以名状的恐惧。这些都是围绕斯基特的书展开的，都是对她的书作出的反应。

与此同时，次要情节开始了，即斯基特小姐与保守的南方绅士之间的约会。乍一看，这些场景似乎与她的书无关，但实际上与斯基特的心路历程有关（斯基特的心路历程在第一情节点出现时发生急剧变化），因为现在，作为一个在杰克逊小镇上享有特权的年轻白人女子，原来生活中一切看似正常的东西，此刻都在她新的意识之下被重新审视。

我们看到西丽小姐真正丑陋的道德指南与灵魂的黑暗。在第二部分，坏人令人反感的要素被放大，这很好，因为这一点十分重要，关乎斯基特的努力目标，关乎读者的感情投入。我们不仅支持斯基特的书，支持与她一起写书的女人们，我们也支持让西丽小姐下地狱。

在第二部分，潜台词无处不在

明尼和希莉亚小姐正在进行一场权力斗争，背后隐藏着一个黑暗的秘密。明尼的家庭生活并不幸福。斯基特小姐偷偷从图书馆里拿来有关种族的书带给艾碧莲，正面反面的都有，以期燃起艾碧莲对这个计划的热情。所有这些次要情节都在上下文与这个故事的主要戏剧技巧相关。

请确信你注意到这一点：女人们正在写的这本书是这个故事的核心与灵魂，是呈现主题的载体。

尽管不太情愿，但是明尼还是在多次被催促之后，加入了这个团队。她恐惧和愤世嫉俗的声音，代表了当时的基调。这也是逐渐展现的戏剧张力的一部分：斯基特能否使足够多的女佣加入？风险会以丑陋的方式出现吗？斯基特能按时完成这本书吗？如果按时完成，她会发生什么事情？女佣们会发生什么事情？

在第 15 章中，一个真实的历史事件进入故事中：梅捷·埃弗斯在自家门前被白人种族歧视者射杀，倒在了冰冷的血泊中，事情就发生在我们的女佣生活地点附近。社区的反应，女佣的反应，反面人物白人女人企图掩盖事实真相的反应，这些只是让读者更加希望斯基特小姐的书能成功。此处的故事力学十分猛烈。

中间点出现在第 16 章的结尾

中间点很微妙，很容易错过。但是，如果你是在寻找故事格局，你就不可能忽视它。中间点感觉上好像是事情的自然演变，其实不然。中间点的位置是有意安排的，完全符合结构格局。

作者本可以将梅捷·埃弗斯的谋杀案放在故事的任何一个地方，或者根本不加入这一情节。但是，她把这一事件作为中间点的催化剂，因为它改变了一切的语境。

谋杀案不是中间点，而是为中间点所做的铺垫。当人物因为一个新的事件或状况突然意识到，她的旅程中出现一个新的语境时，中间点就出现了。

记得中间点的任务：给故事增加新的东西，拉开叙述的帷幕，故事从反应模式过渡到攻击模式。

这恰恰是《相助》的中间点所发生的事情。

首先，黑人在教堂集合，表达自己对于埃弗斯被杀案的愤慨，以及这一事件对他们的影响。他们的生活面临着前所未有的危险。他们必须行动起来。被压迫的社区逐渐集聚起动力和能量。

此处没有言说的是，如果女佣们参与写作斯基特的书的事情暴露，她们的生活将面临巨大的危险。我们知道，有些事西丽小姐做得出来。

利害关系升级。斯基特之书的风险和必要性变得更加重要，戏剧张力和与主人公共鸣的故事力学也随之提升。

中间点的另一个要素是一直以来最为抗拒的女佣月梅（为西丽小姐干活）告诉艾碧莲她也想加入。她想成为其中的一员，向全世界讲述关于她们自己的故事。此刻的语境是整个社区团结起来，纠正现状，而斯基特的书就是起点。

因为月梅的雇主是镇上最可憎的种族主义者（至少在本书中），她冒的风险也最大。

在此刻之前，戏剧张力点之一就是斯基特能否争取足够多的女佣加入，赶在出版商的截止日期前交稿。突然之间，因为马丁·路德·金即将举行的示威游行，截稿日期提前了。

此刻，故事开始了。

斯基特有了女佣们的支持，她们都有着统一的目标、共同的使命。而坏蛋们有更多的手段，暗示她们，为了消除异己，他们会不择手段。

从此刻开始，一切都有了一个新的语境。

到了第三部分的“攻击”模式（“攻击”是第三部分中所有场景的通用型语境任务），和小说的其他部分一样微妙。必要的第二部分“反应”模式已经完成，第三部分的主动向前推进模式正在进行，人物面临更多的风险和更重要的利害关系。

凯瑟琳·斯多克特是通过策划构思，还是通过打草稿不断地探索、试验、修改来发展和锁定这一切的，并不重要，但几乎可以肯定她是结合了这两种过程。重要的是，这个结构、立意和语境的结果最终都成功地实现了。

《相助》的第三部分共有 10 个章节、51 幕场景，都是围绕“反击”这一语境的。人物知道她们必须做什么，而且她们付诸行动了。

明尼现在全身心投入。第二部分反应阶段已经过去，她的恐惧、犹豫与愤世嫉俗已经被克服，主要人物不再逃避、不再怀疑、不再考虑其他选择。她们加入进来。

游戏改变了。在第二部分，核心的戏剧问题是“斯基特小姐能否争取足够多的女佣加入?”，现在的问题是“这本书能否如期完成并出版，一旦出版又会给她们带来什么后果?”

她们在主动解决问题，如果你愿意的话，可以说是在实现目标。此刻她们已经完全意识到即将发生的事情的后果，一路上展现了非凡的智慧和勇气。她们的一切努力还没有结果，但是她们一直在努力。

这是第三部分的关键。

所有这些情节要素都潜伏在第二部分的潜台词里，但是，到了第三部分，这些要素都占据着最显著的位置。这不是叙述的偶然，而是作者有意为之，可以说，这种情况从第一页就开始了。

第三部分的微妙之处

第三部分不是解决问题，所以不要急于看到问题被解决。故事仍在构建张力、动力和利害关系。事情在变化，但是结果尚不可知，或者至少处于危险之中。

这是一个重要而有力的微妙之处，通常这种情况并非偶然。

第三部分的转变和张力的提升暗示，对手也在演变，面对主人公新的活力，反面人物用更加邪恶、更加紧迫的威胁来应对，通过自己的阴谋和积极的手段给主人公带来新的危险。

这同样是重要的微妙之处。而实际上，它其实是使得故事成功的燃料，它是故事力学，在第三部分中一点儿也不微妙。

《相助》的第三个部分从中间点之后开始，明尼和艾碧莲相互支持，成为斯基特小姐书中的叙述者。这样一来，她们越来越暴露自己，越来越接近反叛的危险，对她们而言，这比对斯基特和她的职业生涯的危险更大，更与其自身相关。因为斯基特小姐的书的命运的跌宕起伏，这种选择与后果的碰撞逐步展开。

次要情节在第三部分不断演变，但都是围绕主要情节出现的新的紧急情况这一语境。明尼与她的雇主、白人小姐希莉亚结成联盟，明尼成为其中强势的一方，因此在她们生活的文化表层之下，获得了力量和灵魂的均衡。

斯基特意识到，她的新男友深深陷于她所试图揭露的这种文化中。这使得她的家庭状况和社会福利处于危险之中。与此同时，她越来越接近自己努力追求的梦想——成为一名拥有已发表作品的职业作家。

第三部分的结尾处出现的一个重大转折表明，除了情节和中间点之外，作者还可以插入任何曲线球。这个重大转折就是斯基特得知这本书终于要出版，这成为点燃每个人物弧线的导火索，因为后果从“是否出现”变为“何时出现”。

当然，如果没有反面人物最后一搏的威胁，第三部分就不完整，在这一点上，西丽小姐没有让我们失望。她成功地使斯基特被解雇，通过栽赃陷害将自己的女佣送入监狱。她邪恶的潜力以及她对我们亲爱的主人公造成的威胁（此处又是与主人公共鸣）无比清晰。然而，相比明尼揭露的馅饼故事，这种邪恶与她个人没有那么大的关联。

你瞧，反面人物（西丽小姐）也有目标，也有利害关系，也有对她而言极其重要的事情，如果她最后赢不了，就会承担严重的后果。利害关系和后果驱动着反面人物，它们也必须成为叙述说明的一部分。

对于你们中还没有读过这本书或者没有看过这部电影的人来说，明尼的馅饼故事至关重要。这是一个绝妙的情节技巧，既有表面意义，也有隐喻意义。作者经过 397 页的张力构建，突然很美味地（没有双关语）将利害关系提升到一个新的层次，这出乎所有人的意料。

当这个小小的天机泄露时，第二情节点出现了。明尼透露，一旦她在斯基特书中讲述的她与西丽小姐之间的重要秘密公之于世，将会给她们的世界带来天翻地覆的变化。馅饼故事成为整个故事的核心。实际上，明尼可能因此丧命，或至少被西丽小姐的又一个谎言送进监狱。

又或者，这会使西丽小姐成为一个可怜的人，在作者对读者有效地操纵之后，这样的结果很好，令人满意，值得读者去支持。

实际上，这本书值得我们通宵熬夜阅读。这也恰恰是数百万读者的做法，很大部分是因为这本书给我们带来的替代性体验。我们就是不想让这些人物独自面对她们的问题。

读者与杰克逊小镇上的艾碧莲同在。我们必须要知道发生了什么事情，不是因为馅饼故事可能会带来的后果——在某种程度上，这是一个幼稚可笑的故事，不会给任何事情带来直接的影响，除了声誉和因果报应——而是因为，作为读者的我们，极度渴望知道。

不要弄错，我们如此投入的原因与故事格局以及故事传递的故事力学有关，这不亚于与故事主题的关系。

第一关键点

小心，因为你的眼睛可能会玩把戏：这是关键点（pinch point），不是情节点（plot point）。

第一关键点——位于第二部分正中间的故事节拍——出现在第184页，故事35％的位置，当西丽小姐喝咖啡时不经意地宣布，她要在当地报纸上刊登“家庭卫生倡议”，试图通过对反面行为强加标准和后果，将社区中的种族主义制度化、合法化。

恶狼露出了獠牙。这个关键点不仅位置近乎完美（最佳的目标位置是在36％～37％的地方，即第二部分正中间），也是展现叙述使命的教科书式的范本。

其他一切都暂停，此时邪恶势力登场，加剧了戏剧张力、与主人公共鸣、替代性体验、故事力学，一切都得以提升。

就在上述这个“正式的”关键点出现的前几页，还有一个非常好的关键点，进一步提升了故事力学。斯基特小姐承认，对艾碧莲的几次采访之后，她只有12个字来形容，全部是“是的，夫人”。这是经典的关键点时刻，因为它引起了主人公旅程中的主要挑战或风险（斯基特至少需要 12 个女佣来帮助她完成此书）。斯基特能否得到这些女佣的合作，正是第二部分她要努力解决的事情。

还有一个小的关键点。当斯基特将访谈初稿寄给纽约的编辑之后，由于恐惧，她夜里做了噩梦。这提醒我们，威胁她实现目标的障碍还在。

但是，当你比较第二部分中的这些例子时，很容易看出，最危险、最有意义的是西丽小姐的种族谩骂。这是整个故事中最高级别的敌对势力……因此，它出现在最佳目标位置，即故事的第二个四分之一的中间，这并非巧合。从格局上而言，它就是第一关键点。

潜台词与次要情节

我们都知道次要情节意味着什么。次要情节指的是故事中与情节主线没有直接关联或者不依赖于情节主线的事件。只是暂时不依赖。

潜台词是基础中的基础。

这有点棘手，因为语境与潜台词之间的区别很微妙。我们知道，故事的四个部分每一个都有一个任务（布局、反应、攻击、解决）——这是语境。但是，人物面对的没有言说的状况（种族主义、危险、社会压力、职业安全、怨恨不满）——这些都是潜台词。

潜台词是故事世界的状态与本质，是故事中正在发生的事情，驱动和影响着人物。而语境指的是故事在一个给定的时刻所进行的事情，潜台词由它所在部分的语境任务所决定。

在分析《相助》之前，我们先举个例子，这个例子的语境和潜台词都很丰富。一家四口去教堂，最小的孩子送去教堂托儿所，老大去教堂主日学校，父母闲聊，然后做礼拜。这三组人有着不同的语境，因为每组的目的对于参与者而言都是独一无二的、特定的。

但是，这是教堂，四周弥漫的是同一种信仰，包括这三种经历。这就是这个例子中的潜台词。

在《相助》中，四个部分中的每一个都为读者提供了一个新的语境，也给每一部分的场景提供了独一无二的潜台词，这是更高层面的基本故事格局。因此，四个部分的语境任务——布局、反应、攻击和解决——实际上描述的也是潜台词本身，这并非巧合。

你可以说，语境是针对作者而言的（你的场景必须符合所在部分的语境），潜台词是针对人物而言的（没有言说的社会、人类的力量在发挥着作用，影响着人物的感受、决定、行动和结果）。

《相助》中的四个潜台词

在第一部分（该部分的语境是布局），对于种族问题或人物生活中的具体问题，没有给出解决方案，一切都尚未公开。所有的潜台词就是，事情就是这么个事情，太糟糕了。

在第二部分（该部分的语境是反应），潜台词发生了改变。现在，因为斯基特小姐的写书计划已经成为现实的可能，于是提出一个核心的戏剧问题，从而成为戏剧力量、张力和动力的主要来源：这本书最终能够完成吗？如果完成，将会带来什么后果？人物有了前所未有的希望。这是第二部分的新的潜台词。

第二部分的场景读起来与第一部分的场景相似，但它们的语境和潜台词截然不同。每一个人物都有自己的想法，她们在考虑参与斯基特小姐的书的可能性，并仔细斟酌。她们以一种新的眼光和更敏锐的感受来倾听、评估一切——的确，她们的生活出现了希望——她们也在考虑参与此书可能带来的风险与回报。

在第三部分（该部分的语境是主动攻击问题），潜台词又变了：人物必须考虑现实的生死攸关的后果，她们必须反击。每一个参与者都已经如箭离弓弦，无法回头，她们生活中遭遇的不公，抑或是如果她们偏执，发生的事情所带来的威胁和愤怒，出现新的紧急情况、新的危险。她们必须采取行动，她们确实也这么做了。

在第四部分（语境是解决），第二情节点揭示了明尼的重大秘密，以及一旦秘密公开，西丽小姐可能会做出的反应、所带来的后果，一个新的紧张不安的潜台词出现：书已经出版了，演员们有了公开面孔，结果随之而来。

第四部分： 解决

要创造一个伟大的结局，很难。但伟大的结局让读者感觉阅读非常值得，因为作者成功运用了故事力学中的共鸣和替代性体验，当结局很好时，它们很容易被人视为理所当然；只有当爆炸性的结局出现时，结局才容易被察觉。

我最喜欢的作家尼尔森·德米勒完全输掉了《夜幕降临》《*Night Fall*》的结局（这是第一部将《达·芬奇密码》从畅销书排行榜榜首挤下来的小说），他以反常的机械之神①（上帝的手，或者纯属偶然的事情进入故事中，解决了问题）结束了故事。经过几百页讲述主人公如何搜集证据、如何打倒敌对势力之后，虽然艰难，但是符合观众心意，我们一直在支持他。结尾，媒体与联邦调查局来了一场令人头痛的摊牌会，揭露事实真相，而且是在 2001 年 9 月 11 日世贸中心北部塔楼里。

德米勒后来承认，他不知如何让这件事收场。这表明，即使在他这个水平——这些一流作者跟我们普通人的标准不同，有时，他们的

---

① 机械之神，原文为“deus ex machine”，即希腊戏剧中的机器之神，指的是突然出现的、可使事情扭转的人物和事件，多在滑稽剧中出现。

标准更低，相信我——在写故事过程中的某个时刻，仍然需要在脑海中有个具体的结尾。

凯瑟琳·斯多克特在第二情节点开始为《相助》的结尾作铺垫，第二情节点出现在第 452 页，斯基特小姐告诉她的合作者们，哈珀罗出版社准备出版她们的书。一切开始了。现在，没有回头路了。她们的行为会不可避免地产生后果。犹如她告诉女士们："女士们，有新的潜台词了，面对它吧。"

正是这种对后果的预期和呈现，为书中余下的每一幕场景创造了语境任务（解决问题）。几条故事线需要完成，每一个都在中心舞台上获得自己的时刻。

斯基特离开了小镇，获得了一份职业。艾碧莲被陷害、被解雇，但是她并没有因此而困扰，因为她获得了自由。而明尼的秘密被西丽小姐发现后，她也为之付出了她的"一磅肉"① （再一次，没有双关语），西丽小姐则得到了她应有的结局。

我猜，你在读这本书的时候，可能也和我一样在设想可能的结局。我期待看到斯基特的书搅得整个社区天翻地覆，引发反叛和暴力狂潮，最终带来社会文化的改变。也许，这本书将影响整个民权运动，一个精装本的罗莎·帕克斯②式催化剂。

但是斯多克特没有采用这类结尾。她让我们知道，一个更加微妙的、人物驱动的结局是多么有力。

如果结尾是影响了整个社会，这将偏离这本书从第一页就开始坚持的现实主义基调。那样的话，这本书就太过"好莱坞"了，似乎最

---

① 一磅肉，英文习惯用语，原文"pound of flesh"，源自莎士比亚的作品《威尼斯商人》，形容以借款人的惨重损失和痛苦为代价的债务，也可以说是合法却极不合理的要求。

② 罗莎·帕克斯（Rosa Parks，1913—2005），被称为美国"民权运动之母"。

后一稿出自迈克尔·贝[①]之手。

回想起来，我逐渐意识到，对于一个试图对美国历史的黑暗面进行严肃认真的主题探索的故事，这种轻描淡写的结尾是唯一可行的选择。

斯基特小姐的书并没有将这个国家从种族主义的束缚中解放出来，甚至没有将主人公解放出来。但是，她给了这些人希望，因为种族主义不再能决定她们的命运。通过自己的勇敢抗争，她们变得比压迫她们的人更加强大，所有的人物都成为了更好的人，继续着她们的生活，默默地为自由的意志而战。她们赢得了自己的意志自由，同时，也为其他人继续战斗扫清了道路。

我们可以从《相助》中汲取的诸多经验之一

在一个人物驱动的故事中，结局必须具体到人物，必须展现出主题的力量；在一个情节驱动的故事中，结局可以更为夸张、更加好莱坞式。

这本书向我们提出了挑战，让我们胸怀大志，透过希望的镜头给黑暗的世界赠送一份礼物。这本书让读者投入到人物中，甚至超越了共鸣，真的变成一种情感的超然。

这本书给作家提供了如此丰富的经验，研究它，作家能从中学到很多；而阅读它，人类也能从中学到很多。

对结尾而言，唯一真实的准则就是：结尾的结局必须忠实于故事，必须能引起读者的共鸣。不要用雕虫小技吸引眼球，不要用机械之神。我们的目的是让结局深深植入读者的脑海与心灵深处。只有当你在结局之前就使读者产生共鸣，这样的结局才有可能。

---

① 迈克尔·贝（Michael Benjamin Bay，1965—　），美国电影导演与电影监制，亦是洛杉矶制片公司 Propaganda Films 成员之一。代表作品有《变形金刚》、《勇闯夺命岛》、《珍珠港》、《绝地战警》、《绝世天劫》。

除此以外，结局也是故事中唯一的一处，在这里，作家只有自己的直觉以及她为自己设定的困境。此时的问题就是：“这个困境是你所计划、希望的吗？还是你困在那里，别无选择？”

故事格局的原则——通过六大核心技能发挥故事力学的力量——指导作者到达这一点，但在结尾处，故事与作者融为一体，共同决定他们的命运。

24 《饥饿游戏》中的故事力学

通过解构一部标志性的畅销书，让自己成为更善于讲故事的人。

我想不到还有比《饥饿游戏》更好的文学实验小白鼠了，至少在商业层面上，没有什么作品能够超越它，此处特指三部曲中的第一部。这个故事是六大核心技能的所有要素都发挥作用的鲜明例子，同时也是潜在的故事力学将故事推向卓越的绝佳范本。

和哈里·波特系列故事一样，苏珊·柯林斯的《饥饿游戏》也是从年轻人的市场跨入巨大的主流市场，销量将近 3 000 万册，改编的电影也票房大卖。电影的改编非常忠于系列故事中的第一部，尽管它增加了一些额外的场景，还采用了小说中没有的视角。

但我不会说这个故事很完美。

当一种类型小说达到如此高度时，总有人会猛烈抨击它的写作。我也听到过关于《饥饿游戏》的类似评价，顺便说一句，我并不赞同这些评价；我觉得这个故事写得很好，但是这一层面的分析不是此处讨论的重点。我们的重点是故事构建技巧。由于这个缘故，这部小说即使不能被称为一个完美的故事，至少也称得上是一个完美的范本和学习工具。

朋友们，这个故事不是因为糟糕而火爆的。而是因为它引人入胜，令人紧张不安，同时又能带来有趣的替代性体验。

审美是个人品位问题。很多人不会在意故事中的暴力和幻想元素。读一读自己写作领域之外的作品，会很有收获，特别是当这个故事能切中所有与技巧相关的要点时，正如《饥饿游戏》一样。

当你体验这个故事时，有几点需要注意。

首先注意，语境和潜台词如何在读者或观众的体验中发挥巨大的作用。

在第一部分（第一情节点之前），主人公即将面临死亡，几乎必死无疑，第一部分尤其受到这一潜台词的驱动。她意识到自己可能在游戏一开始就会被杀掉。这使得一切都有了意义和颜色——每一幕场景、每一个细微区别、每一句对话都隐含有某些讽刺，以及令人毛骨悚然的恐惧感，这也是故事开始时就渗透进去的情感之一。作者很早就通过与读者共鸣发挥了故事力学的杠杆作用。

柯林斯的描写很容易使我们支持她的主人公。年轻的女主人公凯特尼斯以一个坚强而又脆弱的人物形象出现，引起我们的强烈共鸣（故事力学的另一个领域），这也是这个故事特别能引起年轻观众共鸣的关键原因。

你也许一开始没有注意到，这个故事的核心其实是一个“爱情故事”。

实际上，这个特别的潜台词成为整个故事结构的支柱，超越了外部情节（爱情小说作家请注意）。当我们读这本书时，这一点也许可以帮助你领悟故事发展。

然而，《饥饿游戏》不是《哈利·波特》，尽管两个故事都通过幻想元素把我们带入黑暗之旅，在前者中，还存在科幻元素（《饥饿游戏》两者兼具）。《哈利·波特》替代性体验的精髓在于魔法与神奇，而《饥饿游戏》所带来的则是纯粹的恐惧，以及令人毛骨悚然的无助感，这与我们的电视喜爱的现实社会有点太紧密了。

主题目标

《饥饿游戏》风靡的部分原因是其偶然的命运和纯粹的运气。在过去和现在，也有一些故事和它一样优秀，但是从未得到一点这样的关注，有些甚至都未能发表。写作不是一门精确的科学，尽管我们都想要努力创作一部伟大的作品，但对于如何能够实现这一目标，我们没有丝毫把握。

柯林斯在叙事策略方面做了一些很有挑战性的选择。她把场景搅在一起，就像丹尼餐厅的平底锅早餐（不要将场景误以为是章节；在这本书中，两者截然不同）。这是跨越时间的第一人称叙述的功能，叙述者闪回到过去，又回到当下，仿佛向一位很久没见的老朋友讲述记忆中的旅程。你必须要密切注意场景策略，它就在那里，而且行之有效。

对于这样一个故事，第一人称视角是最好的选择，也是唯一的现实选择。

注意，在整个旅程之中，小说始终忠于主人公或叙述者（凯特尼斯）的视角，这与电影版不同。这一方面限制了作者，但同样也让我们更加深入地了解事情的意义以及可能的意味，创造了一种恐惧感、愤怒、妄想与希望，有时有潜在的意思，有时又十分精确。

潜台词对于这个故事的成功至关重要

《饥饿游戏》中的潜台词基本上能渗透到每一幕场景，从而将这些戏剧时刻提升到更高的层次，而不仅仅是在火车上吃饭或者是在树上睡觉，抑或是在游戏庆典中与一位怪异的电视主持人闲聊。即将到来的黑暗、死亡、不信任和恐惧，虽没有说出来，却总是如影随形。

单是这一点就给故事注入了故事力学的关键要素之一：读者与主人公的共鸣。从凯特尼斯站出来甘愿替代妹妹成为贡品志愿者的那一刻开始，我们就为她担惊受怕。

因为她这个人，我们支持她（当她拯救妹妹时，她的勇气很快得以展现），她值得我们的支持。

凯特尼斯很可能会死去，这很可怕，她自己知道这一点，所有人都知道这一点。她要抢在被杀掉之前杀掉别人，杀死那些和她一样不应该死去的孩子们。这也引起了我们的强烈共鸣，让我们共同参与到这个黑暗而复杂的情感境况中。

潜台词最令人毛骨悚然的是，这些行动恰恰是故事的要点，即她将要进行的杀害以及她自己面临的死亡。不可避免又充满趣味，这是游戏中无助的利害关系。它们满足了一个社会的欲望与幻想，就像我们的社会一样，这又是主题层面的另一个天才的潜台词。

但在这个叙述中，真正绝妙的潜台词，也是与主题更加相关的潜台词，就是凯特尼斯与皮塔之间逐渐展开的关系。实际上，这是结构的主线——你也许对此感到惊讶，我会展示给你看——这一关系成为故事本身的核心与灵魂。

泰坦尼克的故事不仅是关于一艘沉船，更是关于一段爱情。轮船与困境只是纯粹的潜台词，而结果从来都确定无疑。

《饥饿游戏》同样如此。该故事不仅是有关一个即将到来的灾难，更是有关一段爱情的。在这两个故事中，危险、死亡的临近以及随之而来的恐惧，成为引起共鸣的本质（故事力学的要素之一），在柯林斯的小说中，这成为首要的戏剧张力来源。

危险是男女主人公之间逐渐展开的关系的催化剂。如果这段处于萌芽中的关系发生在游戏之外，它就像肥皂剧一般无聊乏味。但是，在此处，发生在竞技场上，这样的关系就具有一种深深的吸引力，这种吸引力只有故事力学才能赋予。

我问你，是否曾有片刻想过凯特尼斯也许会死去？没有。这是三部曲，主人公不会在这样一个故事中死去的。因此，这个问题不是首要的戏剧张力来源。那还剩下什么呢？答案是：她将如何生存下来，这与皮塔息息相关，因为从皮塔成为贡品的那一刻起，他就被视为凯特尼斯的潜在威胁，特别是在凯特尼斯自己的心中。

也许作为读者，你不太会注意到潜台词，但是作为作者，潜台词是你必须理解和掌握的东西。潜台词在故事创作中非常有力，在《饥饿游戏》中，正是潜台词引起了读者的共鸣。

结果就是，潜台词展现出一部杰作是如何操控读者的。

节拍表

柯林斯采用了自然流畅的第一人称叙述，这也决定了她的场景策略。不同于电影，书中百分之百是从凯特尼斯的视角讲述的。这使得场景很难划分，不同场景之间很难区分，因为场景之间都是无缝衔接的，非常流畅，只有模糊的过渡，或者根本没有过渡。当其中一个部分没有说明任务，而是很流畅地进入下一个有说明任务的部分时，我就将此作为一个单独的场景（前一个是为下一个布局）。因此，场景区分不是很精确，尽管每一次时间和地点的变化（新场景的标准）都会被注意到。

同样要注意到一个事实，柯林斯这部小说中按有标题的“部分”划分的结构不符合四部分结构范式，至少从章节和“部分”的数字而言。不要被混淆了，从戏剧性上，故事结构与四部分结构范式完全一致。尽管按照章节划分和“部分”的标签，可能不相符，但是戏剧的语境部分，情节点和人物弧线的位置都恰如其分。这到底是柯林斯提前策划好的，还是她出色的故事感使故事最优化的结果，我们无从知晓。但这并不重要，因为这就是一个专业人士构建的最有效的故事方式，不管她的过程如何。

在进入节拍表之前，我最后说一句话：请问问自己，你读到这里的时候，是否认为柯林斯在写草稿之前就构思好场景序列，正如下面呈现的这般详细？事实上，我们不知道。但是，她可以这么做。这意味着，你也可以在打草稿之前就构思好（就是提前为故事勾画整个弧线）。或者，完成一稿之后，你可以用这种方式总结一下，决定下一稿中哪些地方要修改。

无论用哪种方式，一个完整的节拍表讲述了整个故事。当这个层面的故事行之有效时，成功完成草稿的机会就显著提升了。

我们开始吧。

第一部分： 贡品

第一章中的场景

1. 构建故事世界。收获节这天，凯特尼斯从睡梦中醒来。故事快速开始，立即进入立意，没有缓慢预热。

2. 凯特尼斯身处丛林之中，向我们展示了她的狩猎和生存技巧，以及她所处世界中的“规则”。我们见到盖尔（盖尔在第一部书中很少出现，这为后来的续集确立了利害关系，奠定了基础）。

3. 参观市场，建立凯特尼斯世界的运行方式，展现人与人之间的关系，为后面的故事埋下伏笔。

4. 回到家（闪回后），凯特尼斯帮助妹妹波丽姆准备收获节仪式，介绍她的家庭状况，建立利害关系。

5. 来到收获节仪式的现场，提供背景介绍，表明这一切的意味，为重大秘密揭开布局：凯特尼斯的妹妹波丽姆被抽中，成为十二区的第一个贡品。（注意：这是两个悬念之一，但它不是第一情节点，第一情节点直到第 72 页才出现。）

第二章中的场景

6. 波丽姆的抽签时刻延续（作者使用章节划分的方式来突出重点，或者与下一幕场景短兵相接，此处是一个例子）。凯特尼斯很快站了出来，自愿充当志愿者，从而救了妹妹（如果没有前面五幕场景的铺垫，此处也无法让读者产生情感共鸣）。我们见到了黑米斯（上一届游戏的获胜者，来自第十二区），皮塔被选为十二区的另一个贡品。（所有这些都是在一幕场景中描述的。你可以说，这些都是多个说明点，每一个都可以成为一幕场景。）

7. 凯特尼斯回想起第一次遇见皮塔的情景，他谨慎地将面包扔给她，这为两人之后的关系确定了最初的语境，我们见到了皮塔的父亲。（这是至关重要的布局和伏笔，因为故事最终是有关凯特尼斯与皮塔的关系的。）

8. 回到收获节庆典，凯特尼斯和皮塔被展示在众人面前。凯特尼斯意识到，要想在游戏中获胜，她将不得不杀掉皮塔，如果还没有人杀掉他的话。（重要的语境：此处唯一觉得有意思的人就是艾菲——凯特尼斯在游戏中的管理员。这为我们很快将参观的城市埋下重要的伏笔。）

第三章中的场景

9. 一系列告别，与家人（利害关系和共鸣）、皮塔的父亲（友好地给凯特尼斯一些饼干，让她留着路上吃），最后，与盖尔告别（潜在的恋爱对象，为凯特尼斯与皮塔之间逐步展开的关系制造冲突），盖尔鼓励凯特尼斯在野外制作一张弓作为武器。凯特尼斯确定，她再也见不到他们中的任何一个了，正如她确信，如果她要赢，皮塔必须得死（建立了读者共鸣和戏剧张力）。你可以说，每一次告别都是一个单独的场景，尽管柯林斯将它们作为一个单独的片段式的场景。

10. 火车驶向凯皮特城。柯林斯用这段旅程为我们介绍了游戏的详细背景。凯特尼斯和皮塔观看了一个视频，是关于来自其他区的贡品的介绍，借此向我们展示了他们将要在丛林中面对的敌人。她与管理员艾菲和黑米斯之间的状况，与谜一样的皮塔之间的紧张（我们不知道皮塔此刻的意图，因为所有的事情都是从凯特尼斯的第一人称视角叙述的）。

第四章中的场景

11. 仍然是在火车上，我们看到，皮塔对凯特尼斯表示关心（这是他玩的游戏吗?）引起凯特尼斯的困惑与怀疑。她拒绝彼此靠得太近，她在向皮塔无声地宣布自己的独立（以及与他的敌对?）。她将皮塔父亲送给她的饼干从火车上扔下去。

12. 又一个闪回的场景，展示了凯特尼斯的狩猎和箭术技巧。我们对她家庭的背景故事有了更多的了解，特别是她父亲的去世和母亲痛苦的反应，以及凯特尼斯成为家里的顶梁柱。

13. 回到火车上，黑米斯继续为凯特尼斯和皮塔做准备，他提出一个建议，教他们如何在宇宙之角竞技场的开场几分钟生存下来。他的建议就是：朝相反方向跑。

14. 叙述衔接，当火车抵达凯皮特时，凯特尼斯回想起所有这些。她意识到，并且也相信，皮塔已经开始了他的游戏和策略，他表面上的友好，只是为了在时机来临时将她杀掉。

第五章中的场景

15. 凯特尼斯与皮塔为自己的出场做准备。凯特尼斯的造型师西纳入场，他看起来是一位盟友。西纳谈论着凯特尼斯的装束，帮她制定策略。凯特尼斯和皮塔将作为统一战队出场。皮塔满脸笑意，声称乐于帮忙。

16. 为公民举办的贡品游行开始，皮塔和凯特尼斯以火焰（此处指的是字面意义）装束惊艳出场。这是故事中的一个关键时刻，两人被刻意作为一个团队展现在众人面前（尽管每个人都知道，结果也许是其中的一个杀掉另一个）。皮塔牵着她的手，好像他认同这个表象。

17. 余波，火焰熄灭。我们听到凯特尼斯的内心独白：事情就是这样，皮塔正诱惑她，想让她陷入其中，变得脆弱。他靠得越近，她就越危险。

在这一场景的最后一刻，凯特尼斯终于同意这一策略，对皮塔的告白做出回应。她在皮塔的脸上亲了一下，“就在他受伤的地方”。一切开始了。她的旅程刚刚改变，转变到更高层次，她在运用策略，开启生存模式。于她而言，游戏终于开始了。（这是在第 72 页，全书 19.4%的位置，近乎 20%的最优目标转折点处。）

这是第一情节点。第一部分的布局已经结束，现在，我们进入第二部分，在第二部分中，驱动这些场景的任务的语境就是凯特尼斯对她的新旅程如何反应。注意第二部分的所有场景如何与这一语境保持一致。

第六章中的场景

18. 为我们和凯特尼斯提供大量的指导——进一步了解游戏的政治机制（赞助商、最喜欢的贡品，等等）。此处，作者介绍了其他贡品，凯特尼斯没有被自己的所见鼓舞。故事中已有的社会阶层的歧视这一主题此刻开始发挥作用。

19. 凯特尼斯在十二区“团队”的晚宴上，看到一个女侍者（一个罪犯，哑巴），凯特尼斯觉得自己认识她。这是一个催化剂，促使皮塔走上前去，把凯特尼斯拉了回来，这让凯特尼斯更加困惑。这到底是策略还是真正的友谊？她肯定这是前者，但是，第一次，她对自己有点怀疑了。

20. 晚宴过后，凯特尼斯和皮塔以及这位沉默的女侍者谈话（此处包含了她的管理员恐怖的解释，加剧了利害关系）。皮塔为凯特尼斯撒了谎，将她拉回来，因为如果凯特尼斯承认自己认识这个女孩，她将会很危险。

21. 场景闪回到她真正遇到这个女孩的情景，当时她和盖尔在丛林中狩猎。女孩被警卫打伤。

22. 闪回之后，皮塔谈起了最初对凯特尼斯的印象，以及那天他是如何给她面包的。

23. 一个简短的场景，凯特尼斯回到自己的房间，那个沉默的女孩也在那里，离她很远。凯特尼斯很有负罪感——出于恐惧，她眼睁睁地看着这些警卫杀害了这个女孩的朋友，看着他们打伤她，就像在观看游戏，就像那些将看着她痛苦和死去的人一样。她疑惑，这个女孩是否也喜欢看到这一切发生。

第七章中的场景

24. 次日清晨，凯特尼斯为这一天作准备，这是训练的第一天。她独自用餐，想起了家里。

25. 皮塔和黑米斯来了。皮塔和凯特尼斯穿得一模一样，为了贡品的出场。黑米斯提出要分别指导他们。他们讨论了各自的技巧。皮塔支持凯特尼斯，黑米斯同意他——人们会争着帮她。黑米斯要他们时时刻刻形影不离，在训练场内外都是，这是策略，是唯一能让他们活下来的方法。

26. 训练开始。凯特尼斯打量着其他贡品，他们都穿着入场服装，她发现有些人很有威胁，特别是那个来自二区的男孩（他是一名“职业贡品”，在很小的时候就接受训练，为游戏做准备）……更多的伏笔出现。大赛组织者出现，观察贡品。我们得知用餐规定，与政治相关（像高中拉帮结派一样）。她和皮塔很感激不用独自一人用餐。这是一幕跨越时间的场景，呈现了一天中的几个时间段，是一个单独的场景中压缩时间的例子。

27. 训练第二天。我们见到了露露（她将在稍后的故事中发挥作用）。

28. 这一天晚一点，他们与黑米斯和艾菲回顾当天发生的事情。

29. 凯特尼斯和皮塔单独在一起，凯特尼斯发现自己居然和他一起笑了。她发现自己讲错话时突然住嘴。她跟皮塔说，没人在的时候，就别装了，并拒绝他和他的策略——她知道，这只是游戏。

30. 训练第三天。凯特尼斯试图用射箭技术给大赛组织者留下深刻的印象。但他们似乎并没有注意到她，这让她很恼火。她将一支箭射到他们中间，让他们吓了一跳。这下，他们注意到她了。（顺便说，这真是一个天才的场景创意。）

第八章中的场景

31. 独自一人时，凯特尼斯回想起这一切。她确信，自己犯了一个致命的错误。

32. 晚饭时，大家讨论了她的这一举动，黑米斯很赞成。

33. 晚饭后，他们聚到一起，看分数（训练结果）。凯特尼斯获得 11 分，最高分。现在，她成为观众最希望获胜的选手，她知道，这也使得她成为众矢之的。

34. 场景闪回到她遇见盖尔的那天，我们看到她熟练的射箭和狩猎技术（给她自己也给了我们一丝希望）。

35. 时间往前推进，凯特尼斯意识到自己对盖尔有感觉。

36. 第二天早晨，凯特尼斯得知一个消息，皮塔要求从现在起单独接受训练。

第九章中的场景

37. 凯特尼斯觉到皮塔背叛了自己，但是她也很高兴，“策略”和伪装终于结束了。她和艾菲见面讨论战袍。

38. 她和黑米斯见面讨论策略。现在，她成为观众最喜爱的选手。黑米斯相信，人们的偏爱对她有利，他们可以通过赞助商为她在游戏中提供帮助。皮塔的策略是成为“让人们喜欢”的贡品，但黑米斯提醒凯特尼斯，她的策略不是这个。她需要有故事。

39. 第二天，凯特尼斯和她的造型师西纳在一起。她与艾菲和黑米斯的训练结束了。黑米斯为她穿好衣服，试图让她打起精神，指导她要成为更讨人喜欢的选手。他希望被她视为朋友。

40. 电视直播新闻发布会。黑米斯告诉皮塔和凯特尼斯，他们必须继续作为情侣出现。凯特尼斯不喜欢这样做。主持人凯撒采访其他贡品时，凯特尼斯将他们一一打量。她确定了自己的采访风格，将自己塑造成为观众最喜爱的选手。皮塔接受采访时，他清晰地表示，他们是一对情侣，他会先她而死。

第二部分： 游戏

第十章中的场景

41. 皮塔仍在接受采访。他肯定了他们之间的爱情故事，而凯特尼斯对此并不知情——直到现在为止。凯特尼斯的心“扑通”、“扑通”直跳。

42. 当贡品们被送回住宿区后，凯特尼斯与皮塔对峙，对他在采访中所说的话感到愤怒。他们与黑米斯辩论，黑米斯表示，皮塔实际上是帮了凯特尼斯，让她活下来的机会更大，因为现在，人们爱上了凯特尼斯，他们会支持她，赞助商也会支持她。

43. 第二天早晨，游戏开始。艾菲、黑米斯与凯特尼斯、皮塔告别，艾菲和黑米斯仍会继续他们的工作，为他们争取赞助商的支持（重要的伏笔）。黑米斯最后的建议是：游戏一开始，赶快逃跑，远离宇宙之角的战斗，那将是一场血雨腥风。

44. 凯特尼斯难以入眠。她走上屋顶，回想起这一切。很巧的是，皮塔也在那里，也在想着同样的事情。他已经决定放弃，作为真实的自我而死。他们讨论着大赛组织者为了博得观众的喜爱，对游戏进行幕后操纵（伏笔）。

注意，第一关键点出现在这一场景中，在第 141 页，几乎就在目标位置上，全书 37%～38%。这个故事中有很多关键点时刻（敌对势力成为核心，提醒我们危险是什么），但是，注意这个关键点有何不同：这关系到人物内心的最深处，不愿放弃的渴望，作为真实的自我死去的渴望，这将是他们唯一能取得的胜利。在故事的后面，你会发现，其他贡品在竞技场上是如何变成嗜血的施虐狂的，而我们的主人公将选择死亡，他们不会让自己堕落。这一切都成为场景的核心。

45. 西纳为凯特尼斯进入竞技场作准备。在一番温暖的对话中，西纳将波丽姆的嘲笑鸟胸针交给凯特尼斯（伏笔，既为本书，也是为续集），凯特尼斯进入玻璃罩中，听到播音员宣告：游戏开始。

第十一章中的场景

46. 凯特尼斯在玻璃罩中升入竞技场。贡品们正在等待铜锣声响起，凯特尼斯考虑冲进去抢一个武器。铜锣声响起，她拼命地逃离宇宙之角，那里有武器等待着他们，半数的贡品将在开始的几分钟内死去。她听从了黑米斯的建议。（有趣的是：这也许是故事中最大的说明性过渡，但是它还不是故事的主要转折点之一。为什么？因为我们仍然在第二部分，第一情节点之后开始的部分。故事中，任务驱动的语境还没改变，凯特尼斯仍处于反应模式，对她与皮塔伪装的关系以及对游戏本身的反应。只有当她变成一个积极主动的攻击者时，故事的第三部分才开始。）

47. 然而，她决定获取一些补给品，并抓一个背包。她必须要为之战斗，她的对手被人从背后杀死，下一个目标就是她。一把刀飞来，插在她的背包上，现在这把刀可以为她所用了。她赶紧逃。

48. 凯特尼斯逃向丛林中。后来，她听到炮响，表明死去的贡品数目：11 个，接近一半。她不知道皮塔是否在其中，也不确定自己对此感受如何。但如果他死了，至少不用她亲手杀掉他了。她停下脚步，检查背包，希望里面有水，但是她运气不好。黄昏时分，她设下一些诱捕陷阱，希望能捕获一些食物。

49. 夜幕降临。凯特尼斯把自己绑在树上休息。亡者的影像被投射到天空中，表明谁死了，谁还活着。皮塔还活着，还有其他五个职业贡品，还有露露。凯特尼斯不知不觉睡着了。

50. 她被附近尖锐的响声惊醒，看到结成一伙的贡品。她听到他们杀了另一个贡品，听到他们的对话，知道他们正在找她。而令她感到惊讶、恐惧的是，皮塔也在其中。

第十二章中的场景

51. 这帮贡品就在她的树下。他们派皮塔回到他们杀掉的贡品那里，寻找一些补给品。他们现在商量着，是否要杀掉皮塔。最后，他们决定暂时不杀他，因为皮塔是他们找到凯特尼斯的最佳机会。

52. 黎明破晓，这伙人继续前进。凯特尼斯从树上爬下来之前，一架直升机出现，将前一晚被这伙人杀害的女孩的尸体带走。

53. 凯特尼斯奔跑着，狩猎，寻找水源。她知道她此刻的情景正在电视画面上直播，观众支持她的活，或者支持她的死。她试图让他们印象深刻。她感到身心俱疲、一阵恶心。她差点吃了有毒的浆果，晚上她继续爬到树上过夜。

54. 早晨，凯特尼斯感觉更难受，她的身体急需水分。她想到宇宙之角附近有一个湖，于是动身出发。

55. 凯特尼斯发现了泥，这意味着附近有水，接着她发现一个池塘。她慢慢地喝水，吃了一只兔子，然后休息。夜幕降临，她爬到树上睡觉。突然，她被一面火墙惊醒。

第十三章中的场景

56. 她拼命逃跑，边跑边思考，她意识到游戏已经改变了，游戏被人幕后操纵。她的腿被严重烧伤。火焰停止，一切又归于平静。她停下来休息，感觉很无助，直到黎明时分。

57. 她在小池塘里擦洗身子，将血迹洗掉，看看伤势如何。倦意袭来，她昏然睡去。

58. 凯特尼斯被吵醒，包括皮塔在内的那伙人发现了她，但她还有时间躲藏起来。她爬到一棵高高的树上，但他们就停在她的下方。她已决意死去，便用嘲讽的口吻向他们大喊，表演给电视观众看。他们试图爬上去抓她，但是没有成功。有个女孩向她射了一箭，但没瞄准。现在，这支箭是她的了。他们决定让她留在树上，等到第二天早晨。他们在她的树下扎起了营地。

59. 凯特尼斯听到一些声响，这些声响不是来自地面，而是来自旁边的一棵树上。是露露。露露目睹了这一切，她指了指某个东西，向凯特尼斯示意。凯特尼斯不再是独自一人了。

第十四章中的场景

下一幕场景就是故事的中间点。这个新的语境改变了故事，将凯特尼斯从一直以来的被动反应者变为主动反击者。

中间点位于第 185 页，整个故事的 49.5%处，几乎就在目标位置（我不确定这是柯林斯有意遵守原则，还是她出色的故事直觉使她如此接近目标位置）。最重要的是，中间点就在目标位置，几乎完全符合四部分结构原则，故事的成功也证明了故事力学的强大力量。不太成功的故事通常是随意糊弄结构和故事力学的结果。

60. 露露示意凯特尼斯，在睡着的那伙人头顶正上方，悬挂着一个致命的蜂窝。如果凯特尼斯能割断它，让蜂窝掉到他们身上，她就有机会活下来。但是要在不被蜇伤的情况下割断蜂窝，这几乎不可能。凯特尼斯等待着机会，等到竞技场的广播中奏起国歌，国歌声盖过了她刀割的声音，这把刀是她从宇宙之角的战斗中获得的。

61. 国歌最终奏响，她开始用刀割蜂窝。由于身上的伤痛，她的动作非常慢，这不行。（注意此处的字面意思，她没有在跑，而是主动出击。这是第二部分与第三部分语境的不同：从被动反应者转变为主动攻击者。）

62. 接着，她注意到有东西被送到她这里，停在她放在树上的背包上。是黑米斯送来的药膏，能快速治愈她的伤口。她的痛苦瞬间消失了。

63. 她继续割蜂窝，但是在割的过程中被蜇伤了。她知道，这将带来极大的疼痛，可能还会出现幻觉，但是她没有停下……蜂窝终于掉了下去。那伙人吓得四处逃窜，但还是有两个女孩被蜇死了。剩下凯特尼斯一个人，这下安全了，至少暂时安全了。但是她自己也感受到被蜇伤的后果了。

64. 她从树上爬下来，发现那伙人中刚刚死去的那个姑娘的尸体旁边有一张弓。现在，斗士有了自己的武器，是她喜欢的武器。

65. 凯特尼斯被毒蜂蜇伤，毒性发作，从树上摔了下来。此时一名追捕者赶来……是皮塔。皮塔让凯特尼斯赶紧跑，最终救了她一命。

66. 凯特尼斯中了蜂毒，迷迷糊糊地往前跑。就在一个职业贡品快要追上她时，她一下跌进了一个蚁穴，凯特尼斯眼前一黑，晕了过去。

第十五章中的场景

67. 凯特尼斯在痛苦中醒来。她逐渐清醒，回想起与盖尔讨论是否要离开十二区的情景。他们应该离开。接着，她记起自己还有张弓，这是她的强大装备。她还有机会。

注意，凯特尼斯如何思考这张弓，这完全给了她“一个全新的游戏视角”，这恰恰是中间点之后的场景目的。不是巧合。

68. 凯特尼斯护理着伤口，用池塘里的水清洗伤口，她醒来的地方有池塘。这时，露露过来找她，想与她结盟，露露给凯特尼斯被蜇伤的地方敷上草药。

69. 露露告诉凯特尼斯，凯特尼斯背包里的“太阳镜”实际上是夜视镜。她们决定制订进攻（攻击）计划。

第十六章中的场景

70. 死亡的炮声惊醒了她们。现在，还剩下八名贡品，包括皮塔在内，不管他身在何处。她们决定袭击职业贡品堆放补给品的地方，她们制订了一个计划，用学舌鸟作为远处沟通的方式。

71. 她们分头行动，实施计划，攻击宇宙之角的要塞，那里堆积着那伙贡品从被他们杀害的死者身上获取的战利品。

72. 凯特尼斯到达宇宙之角，斟酌着目前的形势。她看到战利品陷阱，偷听到职业贡品在谈论她，他们非常愤怒，想要杀掉她——故事缓慢推进（此处作者有意为之，以便提升戏剧张力和利害关系）。

73. 凯特尼斯终于看到机会，她立刻抓住机会，向堆放的补给品射了一箭，苹果掉落一地，滚到周围的地雷上，爆炸了。

第十七章中的场景

74. 爆炸之后，凯特尼斯想要逃跑，但她感到头晕目眩。又一个爆炸将她击倒。那帮职业贡品回到这个被摧毁的补给品堆放处，凯特尼斯躲了起来。她躲了整整一夜，等待事情结束，寻找下一次机会。

75. 早晨，凯特尼斯醒来，看到一个女孩在笑着检查物资，其他人都已经离开了。

76. 凯特尼斯回到她与露露分手的地方，她爬上树，吃了点东西，等待着露露回来。

77. 不久，她去她与露露约定的下一个见面地点。很快，她听到一声尖叫，立刻朝尖叫声跑去。露露被困在一张网中。凯特尼斯刚赶到那里，一柄长矛便刺穿了露露的身体。（注意，这是第二关键点，出现在第 232 页，全书的 62％处，这里是第二关键点出现的最佳位置。第一次，凯特尼斯必须亲手杀掉一个对手，她和读者都直接感受到环境的黑暗，这是关键点的任务，露露的命运结束。）

第十八章中的场景

78. 凯特尼斯迅速向投长矛的男孩射了一箭。露露死的时候，凯特尼斯给她唱歌，安慰她（与主人公共鸣）。凯特尼斯回想起露露，想起自己在这个游戏中的经历。她将露露的身体装饰了一下，这样大赛组织者会给她镜头。凯特尼斯让长矛留在露露的身上，这样职业选手就用不了了。直升机开来，带走了露露的尸体。（这是一个单独的场景，由一系列相关联的事件构成，所有的都有一个单独的场景任务。）

79. 凯特尼斯重新部署，继续躲起来。一个小小的降落伞落了下来，上面有一块面包。这是来自露露所在区的，出于对她的感激。凯特尼斯爬到树上准备过夜。夜晚的国歌奏响，宣告了当天的死者：露露和杀害她的那个男孩。只剩下六名贡品了。

80. 凯特尼斯回到露露生第三堆火的地方，补充供给，继续等待。她捕杀了几只小鸟充饥，接着去往有水源的地方，扎下营地。这一天很平静。她想起了被她杀害的那个男孩。

81. 不可思议的事情发生了：她听到大赛组织者在广播里宣布，游戏规则改变了：如果来自同一辖区的两名贡品最后都能活下来，他们将成为共同获胜者。她叫喊着皮塔的名字。

不要被愚弄了，这不是戏剧和人物弧线上的一个情节点。当然，这是新信息，对凯特尼斯而言是一个新的潜台词。此处作者可以随心所欲地插入很多转折、潜台词的转变和情节的扭转，而不会影响四部分语境驱动的范式，也没有影响分开四部分的主要转折点。其中一个转折点——第二情节点——尚未到来。

第三部分： 胜利

第十九章中的场景

82. 凯特尼斯很高兴听到这个消息，此时的她满怀希望。皮塔爱情故事的策略最终发挥作用了。她回想起这一切，接着就睡着了。

83. 凯特尼斯开始寻找皮塔，她看到血迹，循着踪迹，发现皮塔将自己伪装后躲起来（训练中心即埋下伏笔）。皮塔受伤了，他开了一个玩笑，让她亲吻他。凯特尼斯把他推进小溪里，帮他清洗身体，喂他吃东西。他又开了一次亲吻的玩笑。

84. 凯特尼斯将皮塔移到一个隐蔽的石洞中。为了阻止他再说死之类的话，她亲了他一下。这是她的初吻……黑米斯送来食物，似乎是在鼓励他们这样做，因为观众爱看。

第二十章中的场景

整个章节就像是篇幅很长的一个场景，没有明显的休息。你可以说，此处有几幕场景，这并不重要，只要人们看到策略层面。这一章是一个时间压缩，这是柯林斯经常使用的叙述技巧，用于快速推进故事。她试图加快节奏，同时揭示故事。

为了展现故事节拍的任务的改变和演进，此处，我将这一章分为四幕场景。

85. 凯特尼斯照顾皮塔，喂他吃东西，接着睡着了。当她醒来时，她查看他的腿，伤口更糟糕了。她又给他喂了点吃的，又给他讲了一个过去的故事。

86. 广播里宣布：在宇宙之角，有一包重要的补给品等待着每一位贡品。这是大赛组织者的策略，目的就是迫使斗士们走到一起。皮塔和凯特尼斯争辩起来：皮塔不想让她去，害怕她被杀掉。但凯特尼斯执意要去，因为他们需要补给。

87. 黑米斯送来药，帮助皮塔加速恢复。

88. 凯特尼斯给他吃了一些浆果，她知道，这些浆果将会让他昏睡过去，于是她可以走了。

第二十一章中的场景

89. 凯特尼斯为宇宙之角之行做准备。她仿佛看到在十二区中家里的人为她加油，她出发了，进入丛林。

90. 她到达指定的地点，看到等待着的背包。这时，有一个贡品冲出来，抓起一个背包，立即跑开。凯特尼斯赶紧追上前去。

91. 但是，她被另一个贡品从侧面攻击，这名贡品叫格丽芙，擅长用刀。格丽芙按住她，她一动也不能动。格丽芙嘲笑她和皮塔的事情，准备杀掉她。

就在这时，与露露来自同一区的伙伴萨里什将格丽芙从她身上拉走。他对格丽芙很愤怒，觉得是格丽芙杀害了露露。萨里什杀了她。接着，他转向凯特尼斯，说他会放她一条生路，只此一次，目的是为了感谢凯特尼斯对他的朋友露露的照顾。（注意，要让这个场景行之有效，作者需要确保读者在之前的故事中看到萨里什和露露的友谊。）

92. 凯特尼斯回到石洞中。现在，她有了一个注射器，里面是这个城市最好的药，能治愈和挽救皮塔。她为他注射了药物，接着睡着了。他们有了新的希望。终于，她和皮塔成为一个团队。

第二十二章中的场景

第二个关键点，故事中的这一改变为最后的倒计时作铺垫，接着是最后的对决。必须要发生一些事情，来改变凯特尼斯的路线，改变她和皮塔的关系（从一开始他们之间的关系就是故事结构的主线），就在此刻，在第 297 页，全书的 79％的位置。

93. 凯特尼斯在石洞中醒来。在宇宙之角受的伤使她精神错乱。此刻，皮塔照料着她，治愈着她。他们随意地讨论目前的形势，萨里什和加图，为了拯救另一个，他们中的一个人必须要死去。在凯特尼斯的内心独白中，她不希望失去皮塔（这是这一场景的任务，但是它需要围绕他们的对话自然地出现）。他们亲吻了，但是这一次与之前不同。

94. 那天夜晚稍晚些时候，他们回到了爱情这一话题上，此刻他们的爱情突然变得真实，接着降落伞送来，是美味佳肴。他们猜想，一定是黑米斯送来的，作为奖励，表示他同意他们对彼此产生的新的爱意。这也是他一直以来的策略和希望。

第二十三章中的场景

95. 更多关于凯特尼斯与皮塔的关系，展现给观众。他们思索着，黑米斯身为贡品时，是如何赢得比赛的？他们也在考虑，作为获胜的一对儿回到家乡后的生活。他们吃了更多的食物，恢复了力气。

96. 最终，他们离开了石洞，寻找食物。他们谈论皮塔堆在山洞外面的补给品里失踪的奶酪。大炮声再次响起，直升机又来了，带走了另一个孤独的女孩（狐狸脸）的尸体，她吃了皮塔有毒的浆果（之前有伏笔）。

凯特尼斯告诉皮塔，浆果有毒，皮塔原本可能会吃掉它们。他们将浆果装入袋中，将袋子留下，希望加图发现浆果并吃掉它们。他们生起一堆火，试图吸引加图靠近，他们知道加图在寻找他们。很快，他们决定返回山洞。

97. 凯特尼斯在思考着她和皮塔此刻的处境。（注意，叙述里有多少部分是内心对话，尤其是在第四部分这里，内心对话使我们可以感受她做出抉择时内心的恐惧和勇气，以及她对皮塔日益加深的感情。这是这个部分的几幕场景的任务。）

98. 他们返回宇宙之角的湖里取水，大赛组织者已经让其他水源都干涸了，并强迫他们与加图对峙，一决胜负。加图出现在他们面前（这一场景的任务）。但是，他却在被某些东西追赶：一群类似野狼的生物（基因变异生物）一直在追赶他，而现在，它们也在追赶凯特尼斯和皮塔。

99. 凯特尼斯、皮塔和加图爬到宇宙之角的安全地带，爬上这个建筑的顶端——“变异”生物够不到的地方。皮塔落在后面，凯特尼斯必须在这群变异生物咬掉他的腿之前拉他上来。靠近之后，凯特尼斯意识到，这些变异生物实际上是死去的那些贡品的生命力。（电影中没有这个小小的转折，电影对这群变异生物用了一个不同的角度切入，赋予它们更多焦点。在书中，这群变异生物是大赛组织者让这些孩子彼此对峙的隐喻。）皮塔爬的时候，它们碰到了皮塔，皮塔用他的刀子杀掉其中一只。

100. 加图也受了伤，他死命地将皮塔的头夹在他的腋下。双方相持不下。凯特尼斯拔出一支箭，瞄准了加图的头部。此刻，凯特尼斯进退两难：如果她向加图射箭，他和皮塔都会掉到变异生物的血盆大口里，它们正在宇宙之角的下方等着。最终，凯特尼斯对着加图的手射了一箭，皮塔自由了，加图掉到那伙凶猛的变异生物中。她抓住皮塔，救了他。

101. 加图与变异生物死命拼斗，竭力抵抗。

102. 加图的战斗与死亡经历了一段很长时间的煎熬，令人不安，凯特尼斯猜想，电视机前的观众肯定很高兴。此时，他们站在宇宙之角的顶端，凯特尼斯关心皮塔的伤势如何。

103. 黎明时分，天已亮了，凯特尼斯看到加图奄奄一息。她用自己最后的一支箭结束了他的痛苦。变异生物消失在地上的一个黑洞里。凯特尼斯和皮塔赢得了饥饿游戏。

104. 他们以为自己获胜了。但大赛组织者突然宣布，他们已经改变主意，之前对规则的修改撤销：仅有一个贡品能够最终获胜。(这一切的幕后黑手简直让人咬牙切齿。而这种憎恨也是故事本身的吸引力之一，作者促使我们在同情凯特尼斯的同时，经常会感到这种憎恨。)

105. 凯特尼斯和皮塔讨论这个新的转折，他们想出了一个办法。他们不会让大赛组织者的阴谋得逞。他们要用那些浆果同时自杀（制造一种可能的罗密欧与朱丽叶式的结局）。他们下定决心，凯特尼斯实际上已经把浆果放进嘴里，他们并不是在虚张声势。

大赛组织者突然紧急命令他们停止，他们宣布凯特尼斯与皮塔赢得了饥饿游戏的胜利!

然而，凯特尼斯和皮塔赢得的不只是这个，他们不仅仅是打败了其他贡品。

第二十六章中的场景

106. 直升机来接他们回训练中心，他们接受医疗护理并休息。凯特尼斯一直都在叙述她的内心感觉，她在思考这其中的意味。

107. 她与之前认识的哑巴服务员女孩靠近。这个女孩毕竟不希望她死。人性存在于温顺的被压迫者心中，而不是在压迫者心中。（注意，电影版本中没有。）

108. 随着时间的推移，凯特尼斯痊愈了。（这不是真正的一幕场景，而是此处运用的一种时间压缩叙事策略，让它看似是一幕场景，因为它有一个单独的任务。）

109. 凯特尼斯最终与她的团队重聚。西纳为凯特尼斯的另外一个电视直播做准备。她仍然是大赛组织者的一个产品，大赛组织者想要通过整容手术改变她的外貌，试图让我们的第一感觉觉得，凯特尼斯并没有离开丛林。

110. 黑米斯警告她，她仍处于危险之中。她在游戏中的获胜，使得大赛组织者和总统蒙羞。他们试图给她一些惩罚。黑米斯的建议是，凯特尼斯去解释说自己的行为是出于对皮塔的爱，与政治以及对大赛组织者的反抗毫无关系。

111. 凯特尼斯断定，这实际上比在场所内被猎杀更糟糕。

第二十七章中的场景

112. 我们看到凯撒主持的电视纪录片（令人毛骨悚然）。在节目中，凯特尼斯的游戏历程录像成为亮点。凯特尼斯注意到，他们略掉了任何可能被视为叛逆的地方（她用花覆盖在露露的尸体上，这充分表现出“老大哥政治”① 与媒体的选择性）。

凯特尼斯和皮塔被带到总统的庆祝晚宴。黑米斯在那里，他支持凯特尼斯。（此处另起一段，不是一个单独的场景——在凯特尼斯将我们推进她的下一步经历之前。）

113. 到了凯特尼斯接受凯撒采访的时候了。凯特尼斯与皮塔短

---

① 老大哥政治（Big Brother），指极权政治，典出乔治·奥威尔的名著《1984》。

暂问候（皮塔看起来忧心忡忡，似乎大赛组织者有意将他们分开），之后，他们上了电视直播，坐在一起。对于凯撒提出的所有的问题和提示，他们回答的语境就是他们对彼此深深的爱意，以及这种爱情如何使得他们生存下来，直至获取最后的胜利。

114. 皮塔揭露了他装有假肢的事实（这也解释了他们为什么会被分开，凯特尼斯对此毫不知情）。最后的时刻都是有关爱情，这是游戏的一个完美的公关策略。凯特尼斯和皮塔在真相与假象之间犹豫不决，为了自救，凯特尼斯回到第十二区，她选择迎合观众的期待。

115. 回家的路上，黑米斯告诉他们，他们勉强躲过一劫，凯皮特觉得他们的浆果把戏是反叛行为。

116. 皮塔意识到凯特尼斯在游戏中对于他的喜爱最终只不过是生存策略。如今，游戏结束了，他感到凯特尼斯在疏远他，对于这一点，凯特尼斯无法否认。她对自己的感情感到困惑。现在，她要回家了。

117. 向电视观众临别时的最后一句话。他们在众人前面做了最后的、有些强迫的团结姿势。

接下来对这个故事的分析将围绕故事中各种各样的转折点。我推荐你使用节拍表，将每一个转折点放置在合适的叙述位置上。

我们将编制一份清单，盘点一下故事力学如何发挥作用，以及结构与叙事策略如何迎合故事力学的力量。注意，故事被分成几大块讲述：凯特尼斯在家（贡品抽签和闪回）——去往凯皮特的途中——训练、准备——游戏开始，凯特尼斯最初的一段逃跑时期——她与露露的联盟，主动出击——露露的死亡，凯特尼斯与皮塔再次相聚——他们向宇宙之角发起攻击，引发他们与加图的对峙——游戏结束。

作为一个试图构思故事的作家，这恰恰是你实现构思的方式。制定叙述大块，然后将它们与按语境划分的四部分序列融合：布局、反应、攻击、解决。当你将六大核心技能作为工具运用，定义故事的要素（你需要打好四个基础：立意、人物、主题和结构），当你最终决定场景和你的节拍表，当你实际上开始起草场景时，记住这些始终存在的故事力学的潜力。这个过程将带你走向行之有效的草稿。你可以对这个故事修改润色，使之成为一篇可以提交的作品。

第一情节点

为什么在故事中，第一情节点最重要？

因为它全面开启了主人公在特定的故事中的旅程，此前的一切都是为此刻所作的铺垫。

我之所以说“特定的故事”，是因为你的主人公也许在第一情节点之前已经踏上一条引人入胜的道路（这是好事），故事中“情节”也许已经在发挥作用。第一情节点突然更为全面地明确了，或者说首先明确了，主人公在面对利害关系与敌对势力的反对的情况之下，即将到来的探索、需求、问题或者旅程。

第一部分布局的工作就是让一切就绪，确保读者对主人公的情感投入。

做到这一点可真不容易。

如果第一情节点太过柔和，位置不对或者根本就不存在，将严重破坏故事内在的故事力学。编辑不会告诉你，你的小说或剧本是因为第一情节点问题而被拒绝的。但是，如果他们费心告诉你原因（这种情况很罕见），也会跟你对第一情节点处理不当对故事力学的削弱有关。

“时间太长，节奏拖沓。”“不在乎主人公。”“利害关系薄弱。”“故事止步不前。”“就是不够吸引人。”

在《饥饿游戏》中，第一情节点掩藏在一系列引发性事件的背后

(是的，他们的确而且经常会突然出现在第一部分的第一情节点之前)。柯林斯是否使用这个术语无关紧要，但是她的故事感完全将第一情节点放置在恰如其分的位置上(平装书第72页，正如节拍表所示)。

有人提出异议，这看起来不像是第一情节点，如果你找到的是错误的东西的话，因为这在故事中很容易被找错。找到第一情节点的关键和恰当地写出第一情节点的关键在于，理解核心故事是什么。

在《饥饿游戏》中，第一情节点也许不是你所想的那个。

《泰坦尼克号》和《饥饿游戏》都在戏剧层面有充满戏剧性的情节转折。但是在两个故事中——即使有的转折给人物带来更加明显的危险——它们核心的结构都是围绕主人公及其爱情故事的。这些与沉船相关的以及与游戏相关的转折和过渡都是核心故事的催化剂：在《饥饿游戏》中，核心故事就是凯特尼斯与皮塔之间的关系。

哇！这改变了一切，至少如果你原本是在寻找明显的故事转折点来作为情节点的话，此处并非如此。这些故事转折点都极其可怕，并且推动情节发展，但是，它们不是这个爱情故事的演进，而爱情故事才是驱动四部分语境结构的核心故事。

重点就是你要知道哪一条线才是你的小说或剧本的核心故事，然后根据核心故事来构建你的情节点和转折点。

在第一情节点之前，如果故事中发生了某些具有重大转折性的事情时，这就是一起引发性事件。在《饥饿游戏》中，我们看到一堆这样的事件：波丽姆被选为贡品；凯特尼斯自愿代替她；皮塔被选为贡品；凯特尼斯与皮塔离开家乡，去往凯皮特，结果几乎必死无疑；以及，作为游戏策略，他们被设定为一对情侣，以此赢得赞助商和观众的喜爱(这是一个重大事件)。

这些都不是第一情节点，而是引发性事件。

它们都有助于提升故事的效率：吸引我们，使我们感同身受，让我们深入凯特尼斯内心，由衷地支持她，以及让我们以替代性的方式，与她一起踏上这趟旅程。这是故事力学在发挥作用的一个例子。

那么，为什么上述事件中没有一个是第一情节点呢？有两个原因。

一是位置。所有这些场景都出现得太早，不能成为第一情节点。它们的确改变了故事，有助于确定主人公即将到来的探索，但这些只是作为布局的积木而已。它们中没有一个能确定核心的旅程，都只是为核心旅程所作的铺垫。真正的核心故事之旅即将开启，而这并非指的是游戏本身的开始。因为爱情故事才是这一故事结构的真正核心，也是主人公的核心之旅。

凯特尼斯一直在抗拒“情侣”策略，直到第 72 页，凯特尼斯最终妥协。她对策略怀疑，对皮塔怀疑，觉得皮塔是在玩弄她，目的是让她变得脆弱，这样皮塔才可以将刀刺进她的心脏。她很矛盾，不知该如何处理。

直到第 72 页，凯特尼斯才接受了这个策略，开始参与进来，至少从表面上看是这样。凯特尼斯通过她的行动向我们宣布，她将和皮塔玩这个黑暗的游戏，并且打败他。注意，此处故事力学在发挥作用：我们同情她、支持她（戏剧张力），我们好奇接下来会发生什么（戏剧张力）；我们既期待这份爱情，同时感觉到随之而来的忧虑（替代性体验），我们感到这可能是游戏策略，也可能是真的（引人入胜的预设），因为我们都不确定，所以我们希望看到更多（未知因素）。

作为合作伙伴，凯特尼斯在皮塔的脸上吻了一下，而且是在他受伤的地方。这既是美好的视觉诗篇，同时也充满了讽刺。从这一举动开始，从它被铺垫和创作的方式开始，故事就此改变，这就是第一情节点。凯特尼斯由此开始了她的旅程，确定了她的核心探索：不仅仅要在游戏中生存下来，也要在她最亲密的盟友和所谓的合作伙伴的骗局中生存下来。这是根据两个方面确定的：利害关系和敌对势力。戏剧张力加剧、共鸣更加复杂，而替代性体验让人沉浸其中，难以自拔。

柯林斯的高明之处在于，游戏本身这个外部情节在故事力学层面已经非常强大、引人入胜，核心的爱情故事隐入其中，又仍是故事主线。读者有两条情感轨道，它们的交融超过了它们的简单相加。

从立意到引人入胜的预设

柯林斯在采访中承认，她最初关于这个故事的想法来自于电视真人秀节目。但是，她那时的想法还不能称之为一个故事。在成为故事之前，它必须先成为一个立意。

立意就是："如果在未来的反乌托邦式的社会中，年轻人在残酷的精英阶层的逼迫下，要进行一场自相残杀的比赛，并通过电视播放出来，以此来惩罚和控制从前反叛的辖区，结果会怎样？"

当然，还有更多，但这是重点：最初的想法以及从中产生的最初的立意，总是扩展演变，成为故事的细微差别和丰富层次。

当她增加以下内容时，这一立意就成为预设："一个年轻女子自愿代替妹妹参加这场死亡竞赛，结果几乎是必死无疑，而与她来自同一区的同伴则是她以前曾注意过的一个男孩，游戏越来越临近，男孩声称自己爱上了这个女孩，如果她制造这种假象，并对此加以利用，以此获得观众和赞助商的青睐，那么这可能就是一个生存的策略。"

想法——立意——立意的不同层面——一个引人入胜的预设，这些都包含在立意的层次结构框架之中。

在任何一个时刻，作者都应该检查一下这个序列，看看所处的位置。

我们可以看一看苏珊·柯林斯的结构，或者任何一本畅销书的结构，从中学习体会。看看哪些部分在发挥作用，将它与任务驱动、四部分结构、依赖于转折点的说明和排列顺序这些原则相对应。

但是，当我们观察立意时，可以学到什么？

在《饥饿游戏》中，起作用的立意是宏大而引人入胜的。大多数畅销书都是如此（除了某些文学作品，比如约翰·欧文和乔纳森·法兰森的）。但原因何在？是什么让这个立意为一篇伟大的故事提供舞台？这是我们可以从它的分析中学习的。

立意就像发动机。但是，没有车轮、传动装置、底盘、座位、方向盘和踏板，仅仅有发动机，这辆车也无法运转。它只会待在那里，释放有毒气体，同时制造大量噪音。只会待在障碍物上大声轰鸣、冒着烟的发动机，很容易被误以为毫无用处。

当然，没有发动机，汽车哪儿也去不了。

苏珊·柯林斯是从立意开始的吗？

我们无法确定。但是我们可以说出的是，我们为什么喜欢这种体验。

你是为游戏而来。你留下来了，但气喘吁吁，不断翻动着页面，因为你在乎，因为这个爱情故事和恐怖的主题引起了你的共鸣，因为故事力学。

苏珊·柯林斯从何处开始写作并不重要。故事几乎总是从以下三个故事要素中的一个开始的：立意、人物或主题。有时，尤其是在“基于真实事件”的故事中，故事从结构或一系列事件开始。

但是，无论在哪种情况下，以下都是正确的：在所有要素就位之前，故事不能成为一个伟大的故事，甚至是一个有效的故事。你从何处开始你的故事开发，这并不重要，只要你最终能够抓住六大核心技能。

即使到了那时，要将故事提升至卓越，你还需要更多。更多有关这一话题的内容，以及柯林斯如何做到这点，马上呈现。

据说，柯林斯一天晚上看电视时，在一个战争纪录片和真人秀节目间来回切换，两个节目都惹火了她。

因此，《饥饿游戏》的立意由此孕育。这不是柯林斯最初的想法，但却是最初的想法将她引向立意的，不管这个最初的想法是什么。

我已经提到过，“如果……将会怎样？”的叙述并不介绍人物或者主题。这些要素需要加入这个立意中，包含进来，融入其中，这一激动人心的过程就是讲故事的艺术，柯林斯做的恰恰就是这个。这个立意和这些要素进入故事时都没有完全实现——它们是不断演变的发展过程的产物：要素的孵化，以及要素彼此的融合。

你可以通过构思故事或者打草稿来进行这个过程。两者都可以帮你完成，因为两者都依赖于故事力学的力量来使故事行之有效。

要抵制操之过急或雕虫小技的诱惑，这种情况很容易发生，尤其是在你打草稿时，因为：一是相比于大纲，在草稿中，你更难全面地看到其中的要素；二是在中途时发现不足之处的草稿，要修改它非常艰巨，因而很容易就选择将就，更糟糕的情况是，在打了 400 页的稿子、可能引发腕管综合征之后，还要从头再来。

不管你从哪个要素开始（通常是从立意开始），要仔细考虑，用心斟酌，为它施肥，直到它长大，变得更加丰富，人物和主题以完全符合逻辑、引人入胜的方式出现。让故事力学来驱动这一过程，始终可以瞄准更高、更好。

很多未能发表的手稿中常见的错误是，几乎完全只写关于立意或主题，不存在显而易见的、发自内心的其他要素，没有情节。请注意，尽管《饥饿游戏》的故事受人物驱动，但它利用了戏剧张力（情节）让人物有事可做，有挑战，使得他们做出改变（人物弧线）。干脆利落的戏剧张力是高度共鸣和替代性体验的燃料。

在《饥饿游戏》中，几乎可以肯定柯林斯就是由这个立意开始的，故事最后却以核心的爱情故事结束，整个过程中，因为附加的重要的利害关系，戏剧张力不断升级。在竞技场上展现的外部戏剧，其实只是用于编织爱情故事的挂毯。

实际上，第一情节点是由这个爱情故事驱动的：如果你愿意的话，可以将它称为“A 情节”和“B 情节”（你如何称呼它们并不重要，重要的是你如何理解并实施它们）。但是它们加总之和远远超过它们各自的部分。

没有爱情故事，这个游戏不过就是每周播出的持刀版的《生存者》；没有游戏，这个爱情故事也仅仅是一部午后肥皂剧。

如果没有这些面目可憎的大赛组织者和他们所效忠的反乌托邦式的社会，这些要素都没有分量，它们的存在让读者有可供支持的对象——重要的是，也有反对的对象。这赋予了故事强大的主题，因此从情感上吸引了读者。或许这是这个故事最强大的一面。

与故事力学相联系

故事力学指的是推进读者参与其中并作出反应的叙述力量。这是我们能够从中学习的一部分经验，正如六大核心技能，你需要抓牢故事力学的这六个方面。不管你的立意如何强大，没有故事力学六大要素共同发挥作用，故事不会取得如此巨大的成功。除非你创作强大的人物、有力的主题和稳健的结构来执行你的立意，否则故事力学的六大要素不会都发挥作用。

你要寻找的正是有力的故事力学。六大核心技能就是你实现目标的方式。这是一种循环的、悖论式的舞蹈，你需要参与其中。

没有饥饿游戏，爱情故事将没有戏剧张力，也几乎没有利害关系

（读者产生共鸣的关键）。实际上，没有饥饿游戏，爱情故事将不存在。

没有这个爱情故事，读者的共鸣不会如此强烈，替代性体验则更加浅陋。实际上，没有这个爱情故事，这本书更像一个电子游戏。

没有这个反乌托邦式的社会，读者的共鸣也更少。

所有这些要素在《饥饿游戏》中被出色地展现，你对所有这一切理解的结果是为你提供一个检查单子，用于检查和提升你的故事。你如何处理这六大核心技能中的每一个？你的故事要素如何将故事力学的主要模式最优化？

你可以提前构思，或者一边写一边斟酌。但最终，使你的故事更加有效的，从来都不是谜。

你如何到达那里取决于你自己。如果你愿意仔细看看故事中发挥作用的内在机制，《饥饿游戏》这样的故事就是这方面的范例。

第一部分 “布局” 中场景的力学

我之前已经说过，第一情节点是故事中最为重要的时刻。既然我们知道这一故事中的第一情节点是什么，我们可以审视一下第一情节点之前的场景，也就是构成第一部分布局的所有场景，看看它们是如何完成这一任务的。

第一部分的场景的语境任务是为两件事情作好布局：一是即将到来的第一情节点，二是接下来要开展的故事。第一情节点是你开启余下故事的扳机和催化剂。这也是为什么它会成为故事中最为重要的时刻。

此处存在一个带有挑衅性的事实：第一部分布局的成功与否决定了你整个故事能否成功。在所有的时刻中，你最不应该将就的地方，也是写作时不能没有意识到语境重要性的地方，就是第一情节点。

这些布局场景（通常是 10～18 个，或者更多）需要完成很多重要的任务。

- 吸引读者（引人入胜的预设）
- 介绍故事立意（引人入胜的预设和戏剧张力）
- 向读者展示背景设置、时间、地点，必要时，提供一些背景故事（替代性体验）
- 介绍主要人物（故事的主人公）（与主人公共鸣）
- 向读者展示主人公在旅程开始之前的处境、目标、世界观和情感状态（主人公共鸣）
- 通过建立利害关系，使得读者关心主人公（与主人公共鸣）
- 必要时埋下伏笔，包括敌对势力的存在（也许是通过暗示，也许是展现在读者面前，这由你决定）（戏剧张力）

节奏、戏剧张力、与主人公共鸣、替代性体验，所有这些都将我们引向第一情节点。

一切就绪，你已经准备要点燃导火索，用第一情节点开启故事之旅，第一情节点是在这些目标的语境之下出现的。这奠定了小说或剧本的故事力学的基础。一切从这里开始，从第一部分开始。

如果你的第一情节点出现得太快，没有经过充分的铺垫，读者对主人公的共鸣可能会有减弱的风险（共鸣对于故事的成功至关重要），也会让这些瞄准的任务处于危险之中。

如果铺垫太多，可能会存在节奏被削弱的风险，而节奏也是非常关键的（尤其是在故事的这一时点上）。

让我们来看看柯林斯在《饥饿游戏》中是如何做的

柯林斯在这一系列故事中采用的叙事风格，使得场景的界定与区分变得很有挑战，很难精确定位。我将她采用的这种叙述角度称为“深沉的第一人称”，指的是故事的呈现就像凯特尼斯的意识流，在这期间，她也许会想起过去发生的事情，这时，你可以将其看作是一个闪回，看作一幕独立的场景，或者不是。通常，“场景”通过时间、地点的转变来宣告自己是一幕独立的场景。但是，在《饥饿游戏》中，场景之间的界限变得模糊不清。

尽管如此，我仍然在第一部分中找到了 17 幕场景。就上下文而言，显而易见，它们都是用于为即将到来的第一情节点以及余下的故事作布局。回到节拍表，在第一部分所有的场景中找一找发挥作用的语境。这些场景都引向第一情节点，也就是凯特尼斯在游戏中的生存计划。

“在脸上伤处亲吻”的这个时刻就是第一情节点，因为它明确了主人公之后的旅程，但是这是在已知的利害关系和敌对势力的背景下进行的。凯特尼斯做出转变，开启了故事的核心主线，加上这一时刻在故事中所处的位置，决定了这就是第一情节点。

场景序列的力量

为准备这一部分内容，我重温了《饥饿游戏》的电影光碟。我第一次是在媒体上听说这个故事的，后来看了电影，再后来又看了一遍电影，后来偶然读了小说，我慢慢地阅读这本小说，仔细地将它分解剖析，后来又看了一遍电影。每一次沉浸其中，都给我带来新的启示，让我从中学到更多。

在我看来，我解读这个故事的方式，对它逐渐熟悉，直到能写出关于它的分析，这一过程几乎和我们自己写故事时的经历一样。我们从对故事没有充分的了解，到多次沉浸其中，直到我们可以有效地评估我们对故事的了解，才可以下结论说我们的故事完成了。凭直觉写作的人很冒风险，因为你是在匆忙中做出改变的，直到你再写一稿，再次进入故事时，你才能真正地确定它们。这暴露了凭直觉写作时潜在的陷阱：很容易将就，且在尚未发现故事的所有潜力时就停止对故事的了解与探索。

我们可以采用的一个最有力的叙述工具就是场景序列，本质上就是将一个行为分解为清晰的场景，每一幕场景都有自己的故事节拍，都对这一行动块有所贡献，而每一幕场景又与下一幕环环相扣、无缝衔接。《饥饿游戏》再次成为研究这一叙述技巧的实验室。

电影中的追逐场景是一个绝好的例子：它到底是多幕场景的集合，还是一个单独的场景被分解为一系列时刻和说明，构成了整个叙述任务？我觉得是后者。这些场景没有设计时间、地点或者视角的转变，而这些转变通常是判断一个新的场景的标准。

通常，这些序列的分块用时间和地点的转变来区分场景，但一个序列可将这些场景连接成为一个微故事。

比如，考虑《饥饿游戏》中的这个序列，凯特尼斯在树上睡觉，追她的那伙人在树下扎营，露露叫醒她，悄悄地指着几英尺之外的蜂窝，示意凯特尼斯用刀割掉蜂窝，让蜂窝掉到下面那些人的身上……接着，凯特尼斯爬上去，开始锯树枝，在锯的过程中被蜂蜇到（此处为后续一系列事件作铺垫），接着，蜂窝落下，所有人都四处逃跑，凯特尼斯从树上爬下来，从死去的一个女孩那里获得了一张弓。

序列结束。

这些都是在一幕场景里吗？你可以这么说。但是，仔细看看，你会发现，它们也可以说是作者在一系列紧密相连的场景中，创造了一个微故事，有开头、中间和结尾的节点，将宏观故事向前推进。

这个序列是这一故事的中间点（在书中和电影中均是如此），有结构性和说明性的任务，将凯特尼斯从第二部分的被动反应者，转变为第三部分的主动出击者，或者说，从流浪者转变为战士。在叙述层面，这幕场景的任务就是使凯特尼斯获得弓箭，使她从流浪者转变为战士。

当你知道每幕场景必须完成什么任务，当这个任务与结构、语境和叙述相符（正如此处），对作家而言，就会发生一些奇妙的事情：你可以完全击溃对手，通过更加生动的替代性体验，将戏剧张力、节奏、共鸣等故事力学最优化。

那些杀人毒蜂有没有吓坏你？我是被吓坏了。柯林斯可以随心所欲地创造出任何东西，来使凯特尼斯从这个女孩那里获得弓箭（这个女孩被刻画为虐待狂式骄傲自大的人物，这使她充满暴力的灭亡令人满足，这些都不是巧合），但是柯林斯这个特别的选择使得这个时刻最优化。

当我们的场景和序列选择由任务驱动时，这种最优化和满足感就会将我们的故事提升到一个更高的层次。当我们还在寻找场景的目的时，这种最优化就很难实现。

故事中的其他序列

使用序列的一个好处是，它们能将你的场景填满。例如，在一个有 60 幕场景的小说中，如果你有 6 个这样的序列，每个序列包含 5 幕场景，它们就构成了故事的一半。你不需要构思 60 个单元，每个都有布局和行动；你可以用 6 个微故事构成故事的一半，以最优化的方式将整个叙述向前推进。

《饥饿游戏》中还有一些序列。请注意，它们在故事中占了多少篇幅：收获节——火车上——训练——游戏开始——凯特尼斯逃跑——前面提到的蜂窝的场景序列——凯特尼斯被蜂蜇之后的反应（皮塔作为她的拯救者出现）——和露露的策略，为食物出击——在石洞中为皮塔疗伤——邪恶的野狗被放出来——宙斯之角的终极对决——余波。

这些都是序列。单是这 13 个序列就构成了故事全部场景的一半，它们都是叙述块。如果你可以提前预见到这些叙述块，并将它们按次序排列，加入恰当的任务，接着将它们进一步分解为组成它们的节拍，那么在节拍表和列提纲阶段，甚至在打草稿之前，你就可以讲述你的故事。如果你是凭直觉写作的，如果你在创作时心里已经有了这些序列，那么当你完成时，你就更接近于一个结构最优化、力学最强大的故事，会少打几遍草稿，然后达到“终稿”。

一旦你确定了序列的任务或者它们需要完成并传达给读者的事情，你就可以将它们分解为具体的场景了。

这些都是由任务驱动的，因语境而更有力，并且在叙述上无缝衔接。

从小说到电影

有时，教练要求暂停是为了告诉运动员有关步伐的技术细节的问题；有时，教练叫暂停，则是为了告诉运动员应该如何进行比赛，或者应该保持何种思想状态、如何避免自己挡自己的路、如何将你的大部分才能发挥到比赛中。

这只是其中的一次暂停。

我已经描述了《饥饿游戏》的电影不同于小说的几个方面，以及一些具体的例子。苏珊·柯林斯在剧本上署了名（但这并不表示最终脚本的实际执笔者是谁，而且这很少意味着合作），因此，让我们假设她参与了这个非常刻意的偏离，或者至少是她坐在戛纳游艇上时同意了。

但是，也许有人会问，电影中为什么要改变？很好的问题。

对于这个问题，总有一个妥当的回答：在小说中奏效的，在银幕上未必同样奏效，而且，从某种程度上说，这几乎是确定的。但是，原因不仅如此。实际上，对于讲故事者而言，小说家和编剧家都可以从中吸取的一个教训就是，这样做只是为了精益求精。

出于对苏珊·柯林斯的尊重，没有人愿意承认这个事实：电影的改编不仅是为了让故事适合银幕需求，更是为了让故事变得更好。

等一等，我听到你大声尖叫。你怎么才能够使一本销量破 3 000 万册的小说变得更好？为什么要对已经被广泛证明的奇迹、备受喜爱的作品作改变？

请听好，因为它可以变得更好。

作为小说家，我们是一个人的创意委员会。

我们自己决定取舍、改变，至少是在我们的“终稿”中。也是在这个节点上，编辑跳入团队中，但他们不大可能做出电影制作者将小说改编成电影时所做出的那些改变。这意味着，作者作品的生死取决于自己的创意决策，而这总是围绕作者对故事创作技巧的所知所信。

苏珊·柯林斯执笔这个故事时，不是一个新手。不管电影制作者做出怎样的改变，她创作时做出的决定都是出色的。但是，她的经历、技巧——使得她创作出这个伟大故事的那些品质——恰恰是促使她接受这些改变的原因，也许还有存进她账户里的 8 位数存款。

重点是：仅凭一己之见，尤其是一个新手作家或者未出版过作品的作家的想法，很少能将故事创作过程中要做出的每一个创意决策都最优化。有些决策能抓住，有些能依靠，有些也会失败。真正的问题在于，在我们不知情的情况下，或者我们处于无知、仓促或茫然时，我们容易将就于直觉想起的第一个想法，而不去寻找更好的选择，结果，我们的故事深受其害。

这种事情一直都在发生，对所有人而言都是如此。甚至在某种程度上，苏珊·柯林斯也会。

电影制作者还会因为什么其他原因选择与小说不同的方式讲述她的故事吗？即使只是轻微的改变？

那就是为了让故事变得更好，为了提升故事力学的层次，为了增强戏剧张力，为了加强利害关系，增强读者的共鸣，提升主题共鸣。

补充说明一点，应该注意的是，柯林斯积极参与到她的小说的电影剧本创作中，为此获得了认可（以及一张支票）。她对故事中的每一处改变都知情并参与其中，且签字同意。

从书到故事中的每一处改变都直接与这些内在动机相关，都有关于故事力学，都有关于使故事成功的力量……这些总是有待努力争取。

作为作家，在我们的故事中，同样需要如此。

当经纪人或编辑对你的故事略微表现出兴趣时，希望是你在将故事寄出之前，或是在将作品通过电子邮件发送之前，做到这些。

《饥饿游戏》以严格的第一人称视角讲述，这是柯林斯做出的选择。对于主人公意识之外的事情，我们一无所知，这限制了我们的能力，也使得我们无法完全了解操纵游戏的那些家伙的动机，以及他们的狡猾奸诈和残酷无情。

我们对他们了解得越多，我们越可能深入其中。电影制作者知道这一点，这也是他们为什么改变了故事的原因。

在小说中，我们仅仅从凯特尼斯的视角得到一个历史的回顾，我们从没有见过斯诺总统或是大赛组织者的负责人。我们从没有见过脸上疯长毛发的那伙人拉动杠杆操纵，结果是火焰、降落伞、来自地狱的数字狼狗。（在小说中，这些狼狗代表了贡品的亡灵，在电影中它们仅仅是令人惊骇的基因变异产物。电影自由地改变了这个概念，加入了新的力学法则，不是故事力学，而是实际的教室自然法则的力学，将故事推入了奇幻领域。）

有限的第一人称视角几乎在上述提及的故事力学的所有要素方面都限制了故事的叙述。因此，电影制作者增加了幕后的场景，包括充满戏剧张力的次要情节，使总统与大赛组织者之间互相对抗。

如果你看过这部电影，你就该知道事情的结果如何。但是，如果你只读过这个系列故事中的第一部，那你还不知道结果。结果直到第二本书才揭示，即使在那时，也没有电影中这般近距离。

电影中还有其他的一些改变。

凯特尼斯很多背景故事的闪回被压缩合并了。

比如，一直萦绕在凯特尼斯心头的盖尔，在电影中，在凯特尼斯离开家乡前去参加饥饿游戏之后，他几乎没怎么出现。电影中还做了一个重要的补充，展示了露露被杀之后的一个重要时刻，即凯特尼斯悼念露露，向露露所在的第十一区的人们致敬，这导致了一场叛乱（与利害关系和主题相关）。

想象一下，一屋子人身着凉爽的衣服，坐在平板电脑前，惬意地喝着水和拿铁咖啡。他们是编剧、制作人，甚至包括演员所组成的团队，他们讨论着他们将要创作和拍摄的剧本，它改编自你的书。当这一切发生在你身上时，当你的书要被改编成电影时，你本人或许不会在那里。

他们肯定是喜欢你的故事的，对吧？还会有什么原因能让开着阿斯顿·马丁的人选择批准这个选题？除此之外，还有什么原因会使迈克尔·道格拉斯和梅丽尔·斯特里普坐在那个房间里？

答案就是：他们在努力让你的故事变得更好。

他们在斟酌各种选择，提出“如果……将会怎样？”的问题，并提出一堆想法。他们不会满足于你最终的、最佳的创意决策，即使他们喜欢你的故事的总体立意和故事弧线，即使你的名字叫苏珊·柯林斯。

别无二致。

创作你的故事，顺其自然

要么在这个时刻，要么通过另外的途径，请问问你自己，你的决策、故事时刻是否绝对是最佳的？故事力学是否有强大的冲击力？你的创作是否在揭示故事的同时，将故事中的每一个时刻的戏剧张力都最优化，包括宏观层面和故事序列以及场景层面？

你的场景、序列是否有自己的张力和利害关系？它们是否引人入胜？你的读者是否能身临其境？

你最大限度地发挥视角的作用了吗？幕后发生的事情是否有助于提升这个故事？在微妙的人物刻画中，你如何处理幕后故事？如何处理背景、伏笔？

你是否问过自己，别人为什么会在意你的故事？在任何一个既定的时刻，你拨弄的是什么样的情绪？你可以精益求精，将已经创作的故事变得更好吗？这应该是写作过程的某个时刻最重要的事情，除了推进故事之外。

《饥饿游戏》中的“风险”

就像主张围绕结构化故事格局、任务驱动的因素和市场标准驱动的审美原则来创作故事，有时我会被人们视为反对那些提倡在故事中“冒险”的人，似乎，这些原则不相符。

我觉得这取决于你如何表达这件事。

打破某些特定的原则和规定，这是在冒险，还是在自杀？这个问题适用于我们的故事，正如它适用于其他事情。

从天桥跳下落到高速公路上，你认为这是在冒险，还是在别人眼中的自杀？这个行为违反了所有已知的力学和生存法则，往往是自我毁灭。

这个类比精确地表达了在故事中冒险的问题。

不要被愚弄，也不要被诱惑

冒险是好的，自杀则是悲剧性的、愚蠢的。由于天真而死甚至更糟。

那些鼓励冒险的人——我是其中之一——并不是建议我们创作的故事违背戏剧力学、结构完整或创意性许可的基本原则。请试试看，去写一个没有冲突的故事，节奏缺乏活力、没有内在吸引力、没人支持的故事……看看结果如何。

躺在高速公路上的那份手稿，旁边就是刚刚从桥上跳下的人，那是他的小说。

在这个语境中，冒险与勇气、胆识息息相关。

与抵制信仰体系、社会界限以及偶然使用创造性的叙述技巧相关，与作者探索一个主题、将其扩展为戏剧性框架的胆识相关。这样的故事能给人带来挑战，让人害怕、心动、被吸引，同时又从中获得乐趣。

《饥饿游戏》是这方面的典型例子。

我听过有些作家对《饥饿游戏》的故事大为愤慨，声称这本书骇人听闻，将暴力与黑暗加诸孩子身上，声称作者有责任以更高的标准来要求我们的小说。人们似乎为厌恶它而感到骄傲，因为他们不相信苏珊·柯林斯有这么出色（从结果看，他们错了，而这样的结果直接源于柯林斯的胆识以及她对故事创作技巧的敏锐感觉；每一部偶像畅销书都让某些作家和批评家嫉妒），因为这让他们的世界观受到挑战。

那么，风险就是：它们是谁的标准？

你的标准？社会的标准？当我们挑战社会规范，猜想其他现实的可能，表明结果，了解这样做可能会惹恼市场上的某一部分人，风险便由此产生。

苏珊·柯林斯写了一个孩子之间的杀戮故事，她冒了很大的风险。丹·布朗在《达·芬奇密码》中也冒过类似的风险，在写作中挑战了几代人信奉的天主教的精神观。如果这就是你对这些故事全部的理解，那么坦白说，你没有真正懂得它们，而千千万万的读者却读懂了。

对于柯林斯而言，我们要承认，她所冒的风险是值得的，至少从商业成功角度而言。但仍然还有不少人讨厌她，我想，这个事实使得柯林斯在拥有绝妙景观和直升机停机坪的4万平方英尺的家中开怀大笑。

顺便说一句，在故事力学方面，《饥饿游戏》并没有冒险。实际上，它是故事力学的典范。检验勇气的时间到了：你是否受到“在创作中冒险”这个咒语的错误诱导？你是否通过从文学大桥上跳下来诱惑命运？抑或是你在恰当地设计，将此作为一项挑战，来将你的书带入一个新领域，大胆地探索相关的主题，然后通过严格遵守使它行之有效的原则来赋予故事力量？

我希望是后者。

祝愿你历经所有风险，最后能幸存下来，让它们成为你成功的催化剂。祝愿你的写作被大家称为是“有远见，有勇气”的。永远不要忘记你的降落伞，它将拯救你故事的生命，在这只降落伞上，有被称为六大核心技能的绳子，它们将把你与能使你安全降落的重要事情相联系，而且正中目标。一只文学降落伞，上面大胆地刻着四个字：故事力学。

祝愿你成功地实现软着陆，祝愿你的故事让人为之惊叹。

创意写作书系

这是一套广受读者喜爱的写作丛书，系统引进国外创意写作成果，推动本土化发展。它为读者提供了一把通往作家之路的钥匙，帮助读者克服写作障碍，学习写作技巧，规划写作生涯。从开始写，到写得更好，都可以使用这套书。

综合写作		
书名	作者	出版日期
成为作家	多萝西娅·布兰德	2011年1月
一年通往作家路——提高写作技巧的12堂课	苏珊·M. 蒂贝尔吉安	2013年5月
创意写作大师课	于尔根·沃尔夫	2013年6月
作家创意手册	杰克·赫弗伦	2015年1月
与逝者协商——布克奖得主玛格丽特·阿特伍德谈写作	玛格丽特·阿特伍德	2019年10月
心灵旷野——活出作家人生	纳塔莉·戈德堡	2018年2月
诗性的寻找——文学作品的创作与欣赏	刁克利	2013年10月
写好前五页——出版人眼中的好作品	诺亚·卢克曼	2013年1月
写好前五十页	杰夫·格尔克	2015年1月
从创意到畅销书——修改与自我编辑	詹姆斯·斯科特·贝尔	2016年1月
来稿恕难录用——为什么你总是被退稿	杰西卡·佩奇·莫雷尔	2018年1月
虚构写作		
小说写作教程——虚构文学速成全攻略	杰里·克里弗	2011年1月
开始写吧！——虚构文学创作	雪莉·艾利斯	2011年1月
冲突与悬念——小说创作的要素	詹姆斯·斯科特·贝尔	2014年6月
情节与人物——找到伟大小说的平衡点	杰夫·格尔克	2014年6月
人物与视角——小说创作的要素	奥森·斯科特·卡德	2019年3月
情节线——通过悬念、故事策略与结构吸引你的读者	简·K. 克莱兰	2022年3月
经典人物原型45种——创造独特角色的神话模型（第三版）	维多利亚·林恩·施密特	2014年6月
经典情节20种（第二版）	罗纳德·B. 托比亚斯	2015年4月
情节！情节！——通过人物、悬念与冲突赋予故事生命力	诺亚·卢克曼	2012年7月
如何创作炫人耳目的对话	詹姆斯·斯科特·贝尔	2016年11月
超级结构——解锁故事能量的钥匙	詹姆斯·斯科特·贝尔	2019年6月
故事工程——掌握成功写作的六大核心技能	拉里·布鲁克斯	2014年6月
故事力学——掌握故事创作的内在动力	拉里·布鲁克斯	2016年3月
畅销书写作技巧	德怀特·V. 斯温	2013年1月
30天写小说	克里斯·巴蒂	2013年5月
从生活到小说（第二版）	罗宾·赫姆利	2018年1月

虚构写作		
小说创作谈	大卫·姚斯	2016 年 11 月
写小说的艺术	安德鲁·考恩	2015 年 10 月
成为小说家	约翰·加德纳	2016 年 11 月
小说的艺术	约翰·加德纳	2021 年 7 月
非虚构写作		
开始写吧！——非虚构文学创作	雪莉·艾利斯	2011 年 1 月
写作法宝——非虚构写作指南	威廉·津瑟	2013 年 9 月
故事技巧——叙事性非虚构文学写作指南	杰克·哈特	2012 年 7 月
光与热——新一代媒体人不可不知的新闻法则	迈克·华莱士	2017 年 3 月
自我与面具——回忆录写作的艺术	玛丽·卡尔	2017 年 10 月
写出心灵深处的故事——非虚构创作指南	李华	2014 年 1 月
写我人生诗	塞琪·科恩	2014 年 10 月
类型及影视写作		
金牌编剧——美剧编剧访谈录	克里斯蒂娜·卡拉斯	2022 年 3 月
开始写吧！——影视剧本创作	雪莉·艾利斯	2012 年 7 月
开始写吧！——科幻、奇幻、惊悚小说创作	劳丽·拉姆森	2016 年 1 月
开始写吧！——推理小说创作	劳丽·拉姆森	2016 年 7 月
弗雷的小说写作坊——悬疑小说创作指导	詹姆斯·N. 弗雷	2015 年 10 月
好剧本如何讲故事	罗伯·托宾	2015 年 3 月
经典电影如何讲故事	许道军	2021 年 5 月
童书写作指南	玛丽·科尔	2018 年 7 月
网络文学创作原理	王祥	2015 年 4 月
写作教学		
小说写作——叙事技巧指南（第十版）	珍妮特·伯罗薇	2021 年 6 月
你的写作教练（第二版）	于尔根·沃尔夫	2014 年 1 月
创意写作教学——实用方法 50 例	伊莱恩·沃尔克	2014 年 3 月
故事工坊（修订版）	许道军	2022 年 1 月
大学创意写作·文学写作篇	葛红兵 许道军	2017 年 4 月
大学创意写作·应用写作篇	葛红兵 许道军	2017 年 10 月
小说创作技能拓展	陈鸣	2016 年 4 月
青少年写作		
会写作的大脑 1——梵高和面包车（修订版）	邦妮·纽鲍尔	2018 年 7 月
会写作的大脑 2——怪物大碰撞（修订版）	邦妮·纽鲍尔	2018 年 7 月
会写作的大脑 3——33 个我（修订版）	邦妮·纽鲍尔	2018 年 7 月
会写作的大脑 4——亲爱的日记（修订版）	邦妮·纽鲍尔	2018 年 7 月
奇妙的创意写作——让你的故事和诗飞起来	卡伦·本基	2019 年 3 月
成为小作家	李君	2020 年 12 月
写作魔法书——让故事飞起来	加尔·卡尔森·莱文	2014 年 6 月
写作魔法书——28 个创意写作练习，让你玩转写作（修订版）	白铅笔	2019 年 6 月
写作大冒险——惊喜不断的创作之旅	凯伦·本克	2018 年 10 月
小作家手册——故事在身边	维多利亚·汉利	2019 年 2 月
北大附中创意写作课	李韧	2020 年 1 月
北大附中说理写作课	李亦辰	2019 年 12 月

图书在版编目（CIP）数据

故事力学：掌握故事创作的内在动力/（美）布鲁克斯（Brooks，L.）著；陶娟译．—北京：中国人民大学出版社，2016.1

（创意写作书系）

书名原文：Story Physics

ISBN 978-7-300-22330-8

Ⅰ.①故…　Ⅱ.①布…②陶…　Ⅲ.①故事-文学创作方法　Ⅳ.①I054

中国版本图书馆 CIP 数据核字（2016）第 004186 号

创意写作书系

故事力学

掌握故事创作的内在动力

[美] 拉里·布鲁克斯　著

陶娟　译

Gushi Lixue

出版发行	中国人民大学出版社		
社　　址	北京中关村大街 31 号	**邮政编码**	100080
电　　话	010－62511242（总编室）		010－62511770（质管部）
	010－82501766（邮购部）		010－62514148（门市部）
	010－62515195（发行公司）		010－62515275（盗版举报）
网　　址	http://www.crup.com.cn		
经　　销	新华书店		
印　　刷	北京联兴盛业印刷股份有限公司		
规　　格	145 mm×210 mm　32 开本	**版　　次**	2016 年 4 月第 1 版
印　　张	9 插页 2	**印　　次**	2022 年 5 月第 4 次印刷
字　　数	208 000	**定　　价**	45.00 元